"Ohne Leidenschaft zu spielen ist unverzeihlich".

- Ludwig van Beethoven

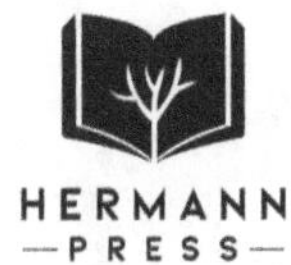

HERMANN
—PRESS—

Wilkommen

Zu: 'Meister Lieder'.
Der Klavier Lehrer: Buch 3

Diese Schritt-für-Schritt Anleitung bringt Ihnen auf sehr praktische Weise fünf wunderschöne Klavierstücke bei.

Diese Stücke führen Sie durch die Epochen der klassischen und romantischen Musik und sind der unsterbliche Beweis dafür, dass die Gefühle und Gedanken dieser großartigen Komponisten noch heute für alle Musiker lebendig sind.

Bedenke, dass tägliche kleine Mühen sehr wertvoll sind und sich aufsummieren, um all deine Ziele zu erreichen.

Werde zum Meister

EINFÜHRUNG

Jedes Lied in diesem Buch bietet drei Versionen. Die erste Version ist die Originalpartitur. Diese wird in der zweiten Version mit Fingernummern vereinfacht und im letzten Schritt ergänzt mit Buchstaben & Nummern für alle Noten.

THEORIE: NOTEN & NOTENSYSTEM

Der Violinschlüssel zeigt dir, dass die Note um den Kringel herum ein 'G' ist. Die Note zwischen den Punkten im Bassschlüssel ist ein 'F'. Die Noten haben die gleiche Anordnung, aber die Reihenfolge im Notenschlüssel ist unterschiedlich.

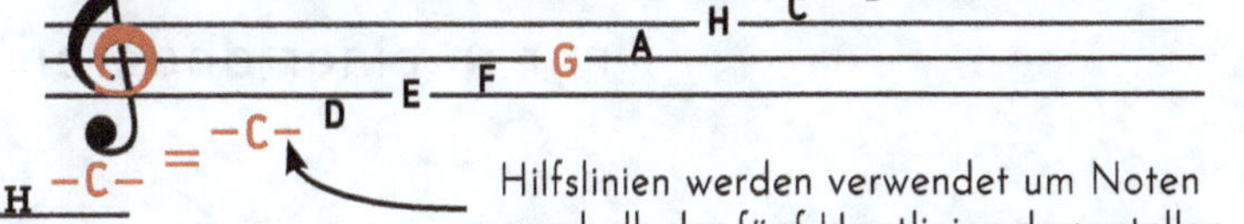

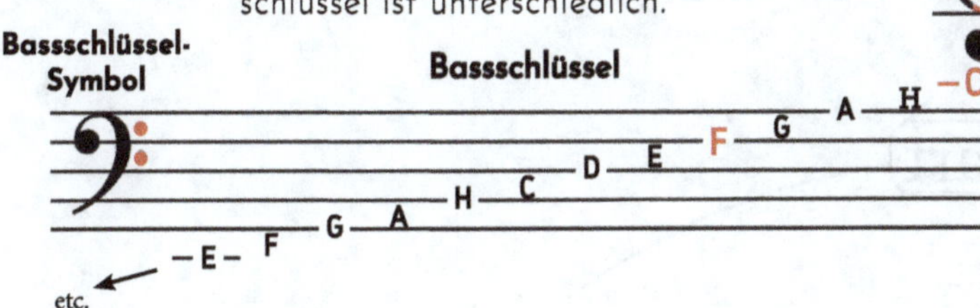

Hilfslinien werden verwendet um Noten ausserhalb der fünf Haptlinien darzustellen.

Das *eingestrichene C (Mittel C)* liegt oberhalb des Bassschlüssels und unterhalb des Violinschlüssels; daher decken diese beiden Notenschlüssel zusammen einen grossen Teil de Tonumfangs der meisten Instrumente ab.

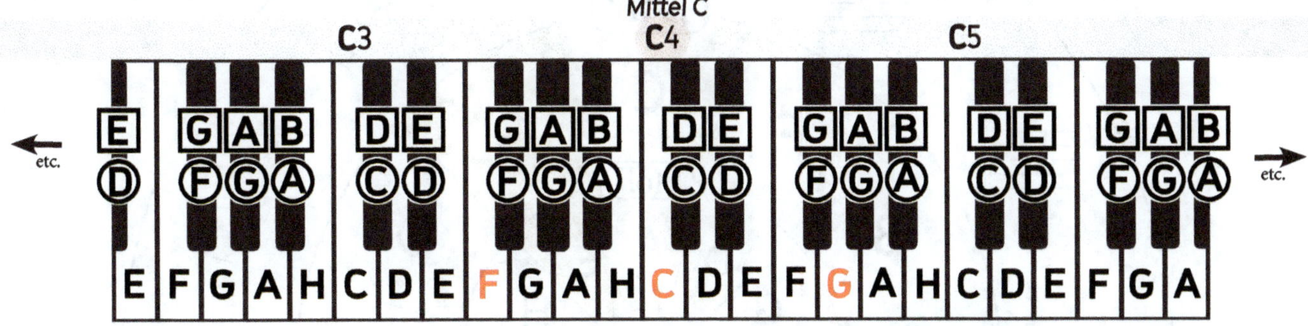

WIE UNTEN GEZEIGT HAT JEDER FINGER EINE NUMMER, DAS IST IMMER SO.

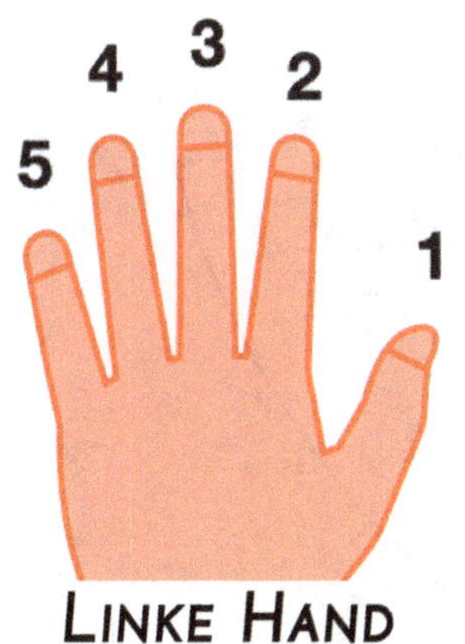

Natürliche Noten	Kreuz-Noten #	B-Noten ♭
C	Cis	Ces
D	Dis	Des
E	Eis	Es
F	Fis	Fes
G	Gis	Ges
A	Ais	As
H	His	B

NOTEN

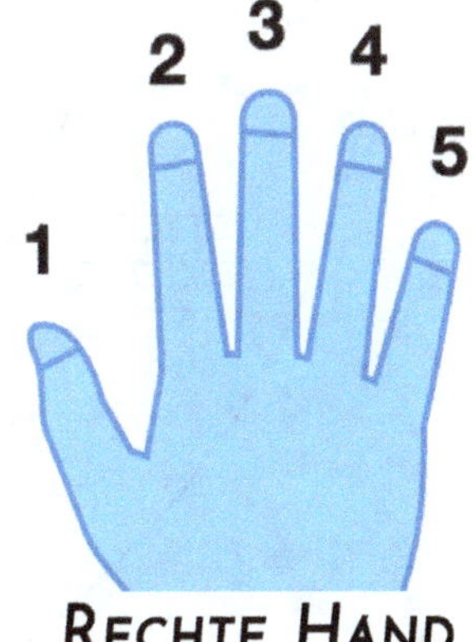

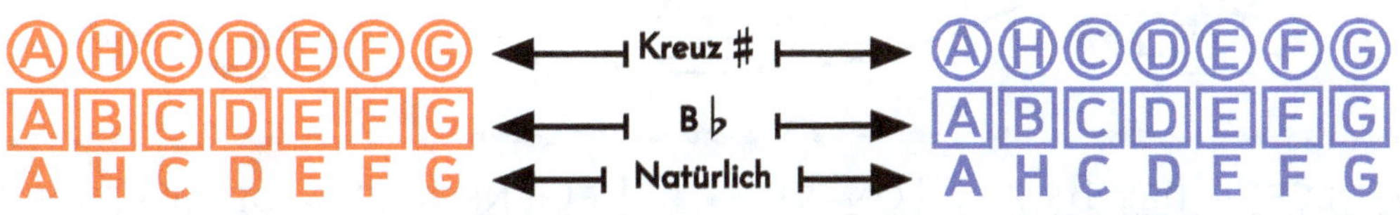

BLAUE Buchstaben/Nummern mit der *rechten Hand* spielen.
ROTE Buchstaben/Nummern mit der *linken Hand* spielen.

QUINTENZIRKEL

Der Quintenzirkel zeigt in einer grafischen Weise die Beziehungen zwischen den 12 Dur- und Molltonarten. Zu jeder Durtonart gibt es eine entsprechende verwandte Molltonart. Nach rechts fügt jeder Schritt ein Kreuz hinzu, was bedeutet, dass jede folgende Tonart um eine *Quinte höher* liegt. Nach links fügt jeder Schritt ein B hinzu, wodurch jede folgende Tonart um eine *Quarte niedriger* liegt. Diese Dur- und Molltonarten teilen denselben Satz von Noten miteinander, nur in einer anderen Reihenfolge.

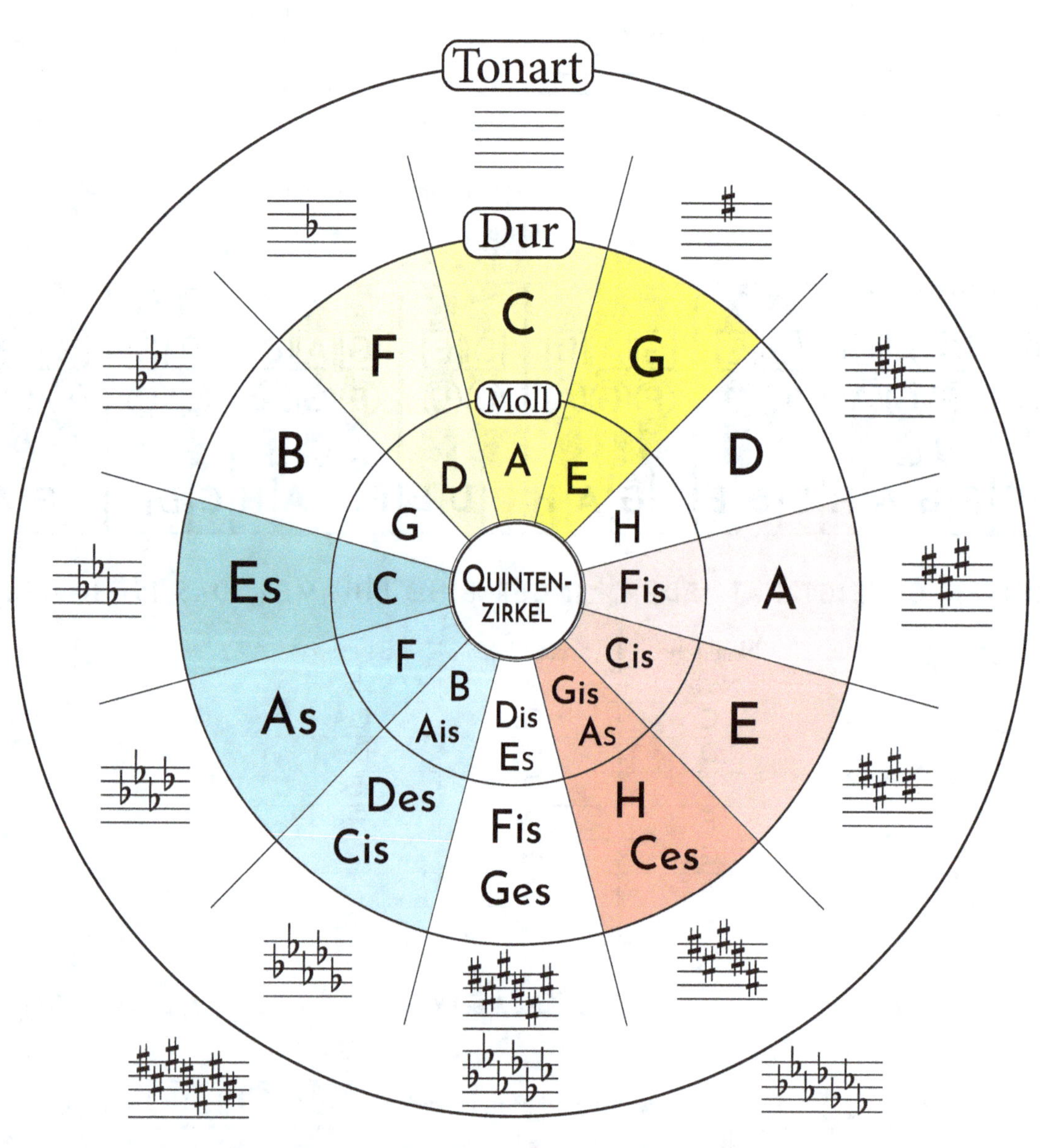

<u>REIHENFOLGE IN DER Bs ZUR TONART HINZUGEFÜGT WERDEN</u>

B (B♭), **Es** (E♭), **As** (A♭), **Des** (D♭), **Ges** (G♭), **Ces** (C♭), **Fes** (F♭)

<u>REIHENFOLGE IN DER KREUZE ZUR TONART HINZUGEFÜGT WERDEN</u>

Fis (F#), **Cis** (C#), **Gis** (G#), **Dis** (D#), **Ais** (A#), **Eis** (E#), **His** (B#)

PRÄLUDIUM IN C-DUR

aus "Das Wohltemperierte Klavier"

Als das erste Stück aus Johann Sebstian Bachs "Das Wohltemperierte Klavier" komponiert 1722, hat dieses Präludium eine arpeggierte und fließende Melodie, die sich über den Großteil der Tastatur erstreckt. Aufgrund seiner einfachen Struktur und des gleichmäßigen Notenrhythmus ist eine ausgezeichnete Wahl für Anfänger um zu helfen Fingerunabhängigkeit und Tastaturgefühl zu entwickeln.

Die folgenden Tipps werden Ihnen helfen, zu üben und besser zu werden.

1. LANGSAM BEGINNEN

Es ist sehr wichtig jede Note korrekt zu spielen und in einem langsamen Tempo zu beginnen. Somit bauen Sie das notwenige Muskelgedächtnis der Finger auf.

2. FINGER NUMMERIERUNG

Achten Sie besonders auf die Fingernummern. Denken Sie daran das die flüssige Bewegung und Platzierung der Finger und Hände wichtig sind um flüssig zu spielen.

3. NENNEN ODER SINGEN

Noten laut auszusprechen oder zu singen beim Üben kann Ihnen helfen die Position der Töne auf dem Klavier und im Notensystem besser im Gedächtnis zu behalten.

4. HERUNTERBRECHEN

Fokusieren Sie sich auf kleine Sektionen (Sätze) des lernenden Stückes und verbinden Sie kleine Teile zu dem ganzen. Das korrekte Spielen einzelner Sätze gibt Ihnen Sicherheit und Motivation um korrekt zu spielen.

5. GETRENNT DANN ZUSAMMEN

Es ist hilfreich an jeder Hand einzeln zu arbeiten um sich auf die spezifischen Schwierigkeiten zu konzentrieren. Wenn die Hänsde einzeln beherrscht und Sie sich bereit fühlen dann beginnen Sie mit beiden Händen zu spielen.

6. SICH SELBST AUFNEHMEN

Dokumentieren Sie ihre Übungseinheiten, um zu sehen, woran Sie arbeiten müssen und wie Sie sich im Laufe der Zeit verbessern.

7. AUF DEN RYTHMUS ACHTEN

Ein Metronom kann sehr hilfreich sein. Stellen Sie die Geschwindigkeit zunächst auf ein niedriges Niveau ein und mit der Gewöhnung an dies erhöhen Sie das Tempo dann langsam .

8. REGELMÄSSIGES ÜBEN

Konsequentes Üben ist wichtig und der Schlüssel zum Erfolg. Tägliche kurze Übungseinheiten sind besser als seltene lange. Es gilt das gelernte zu verarbeiten in der Pausezeit. Fortschritt und Festigung in der Spielzeit.

9. FINGERWECHSEL BEDENKEN

Komponisten fügen diese Nummern in den originalen Noten hinzu als Hilfe hinzu für glattere Übergänge ein flüssiges Spielen. Denken Sie daran schwierige Passagen durch Optimieren von Fingern zu erleichtern.

10. NOTEN LESEN

Üben Sie das Lesen der Originalpartitur. Bei Unsicherheiten greifen Sie auf die Hilfsversionen zurück. Noten lesen hilft Ihnen, ein besserer Musiker zu werden, mehr Lieder zu lernen und das Anfängerniveau zu überwinden.

Präludium in C-Dur

aus "Das Wohltemperierte Klavier" Book I

BWV 846

Johann Sebastian Bach

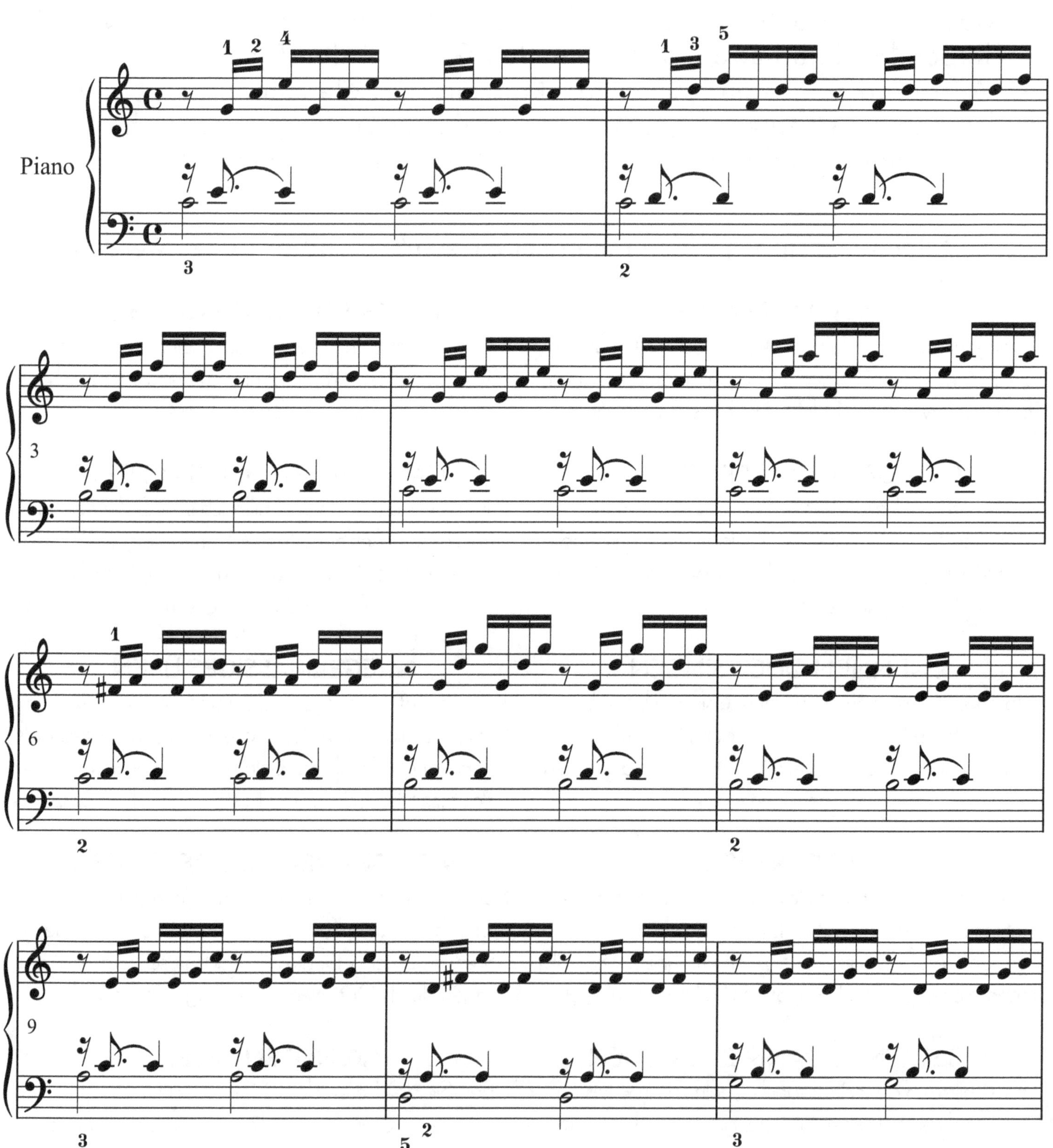

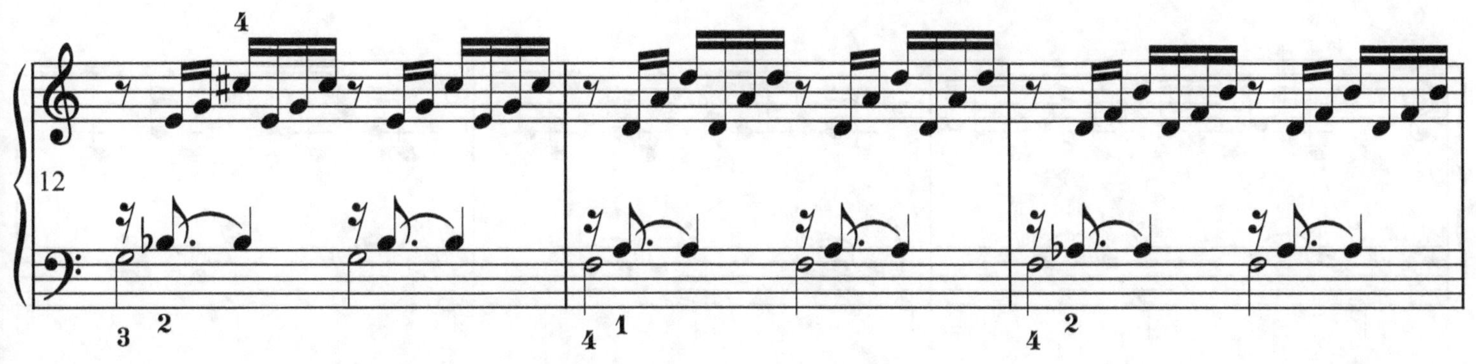

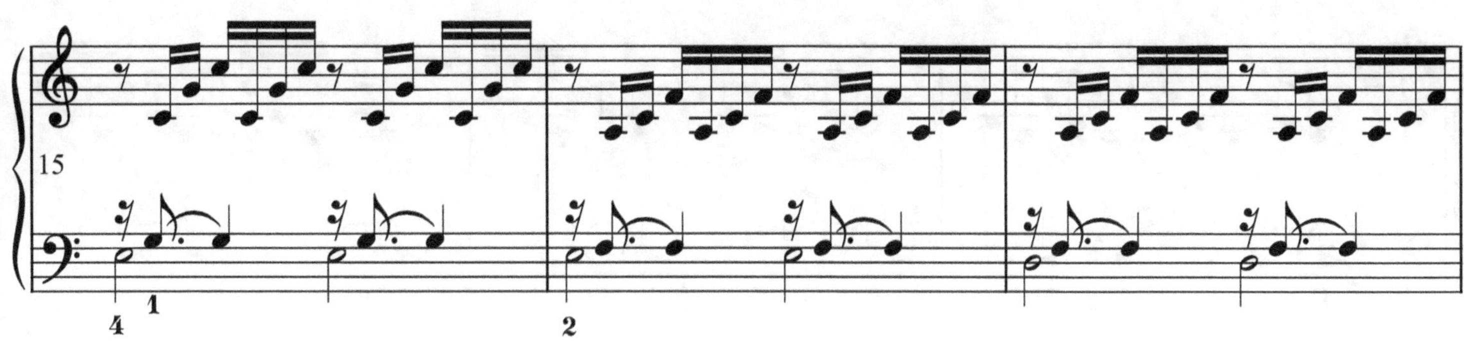

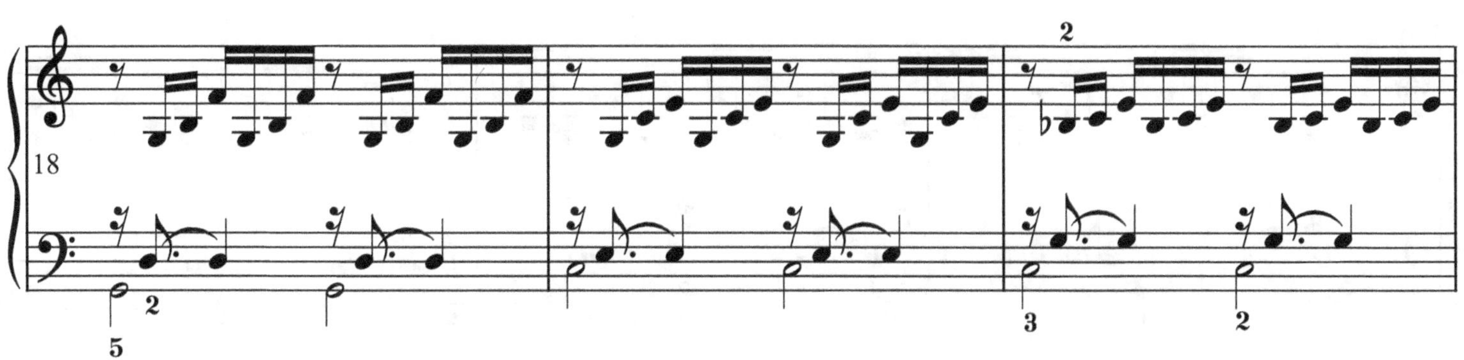

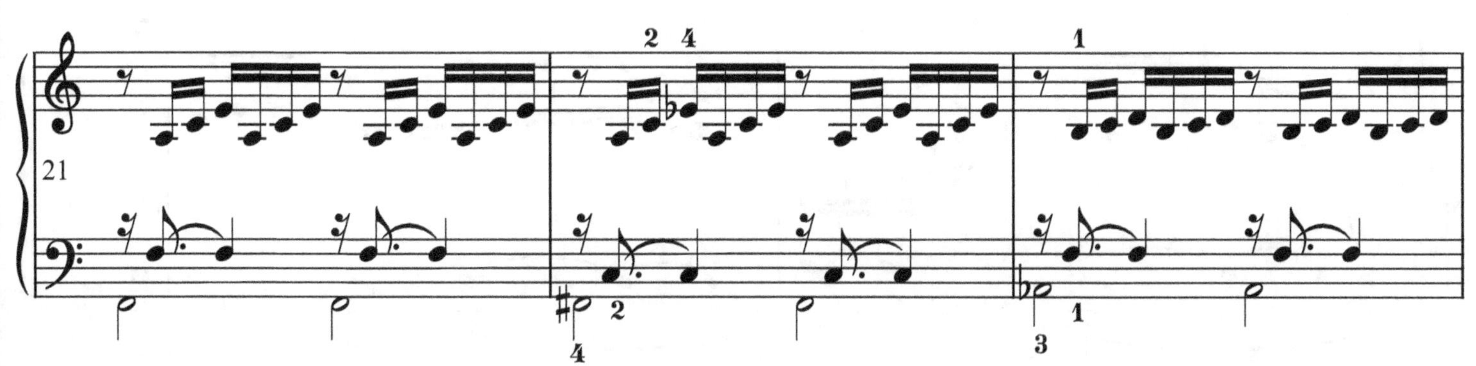

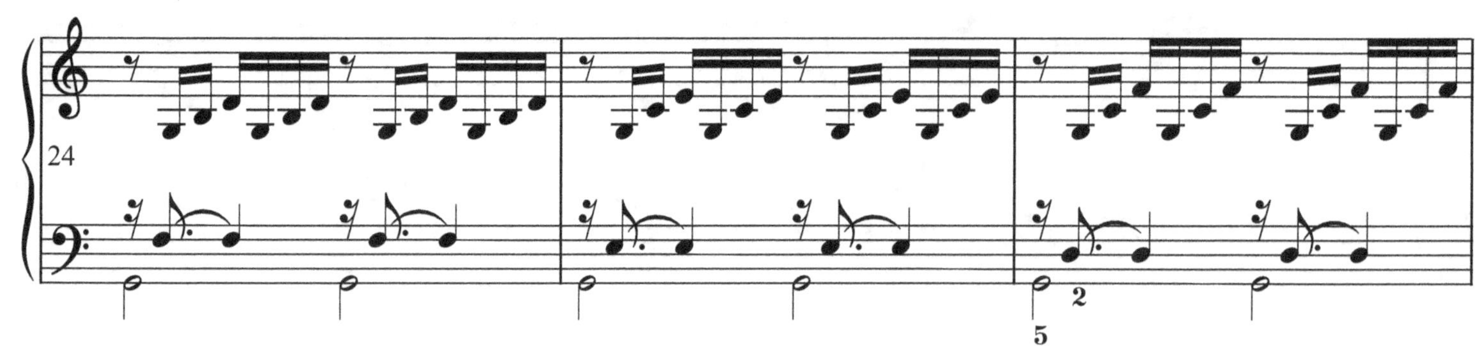

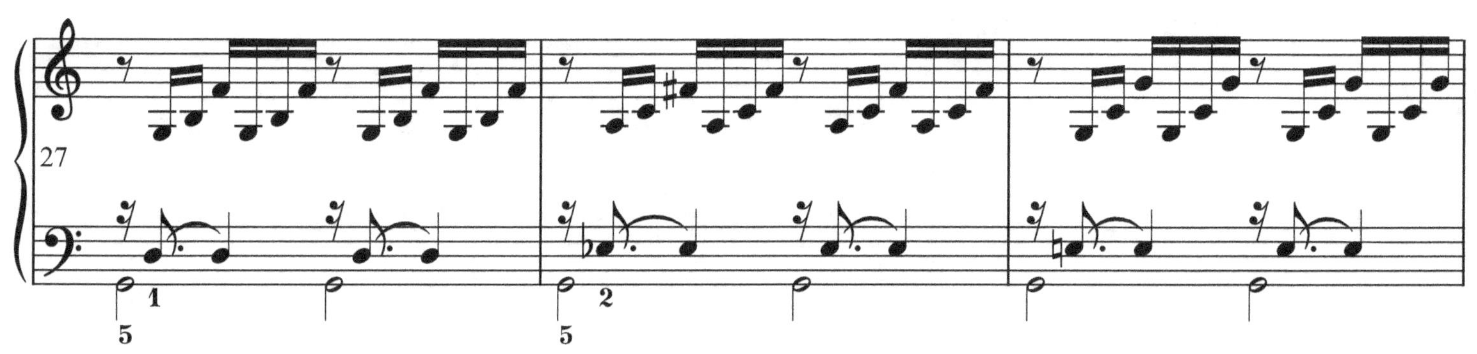

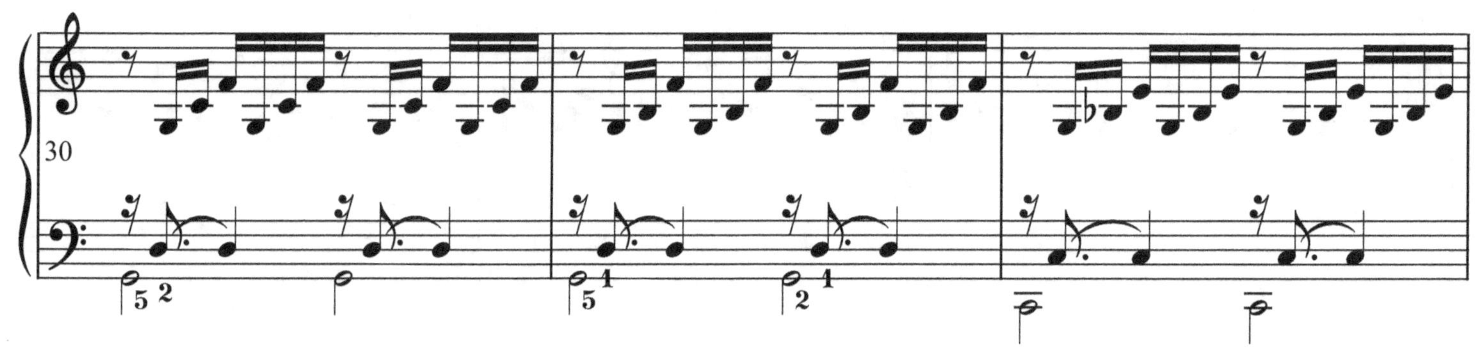

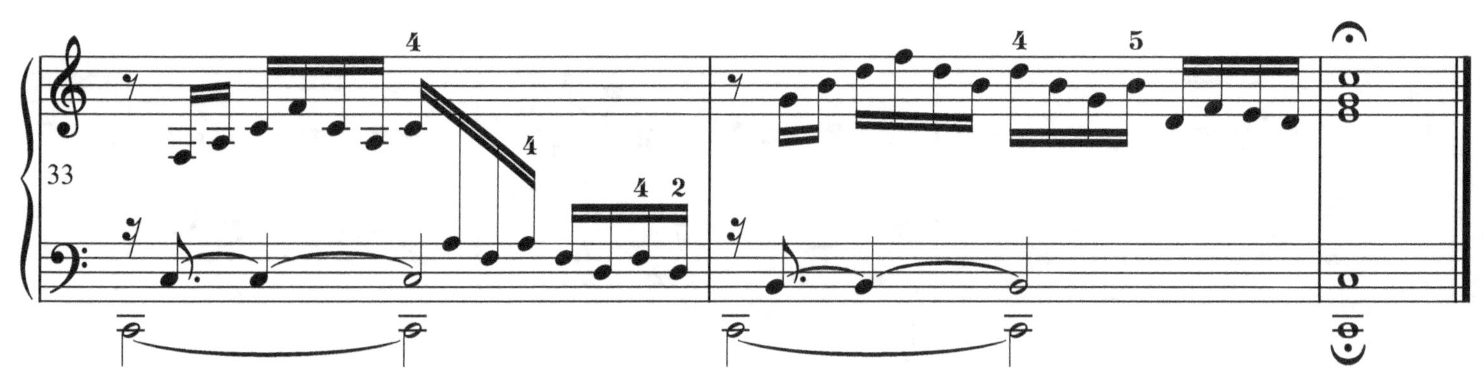

Präludium in C-Dur

aus "Das Wohltemperierte Klavier" Book I
BWV 846

Johann Sebastian Bach

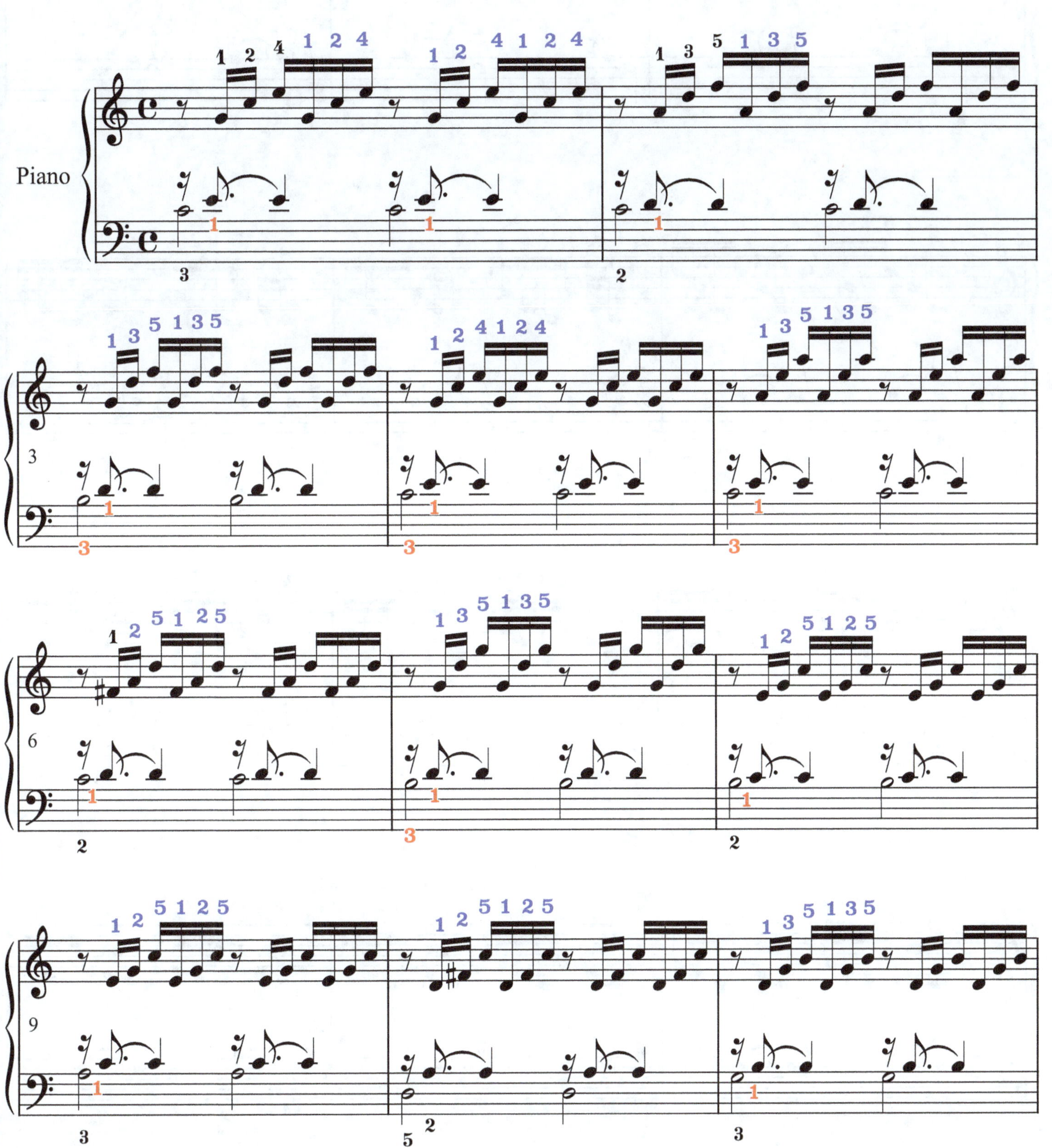

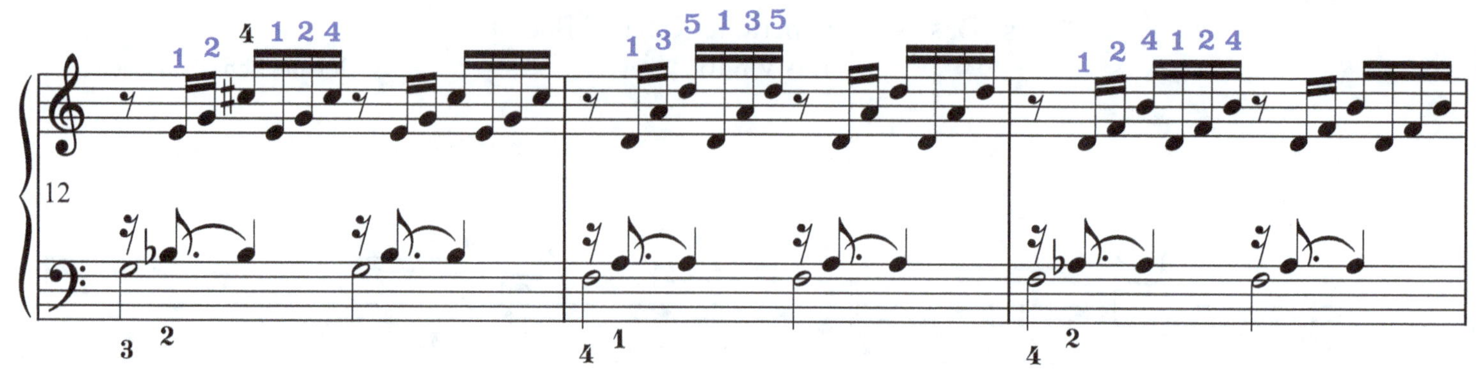

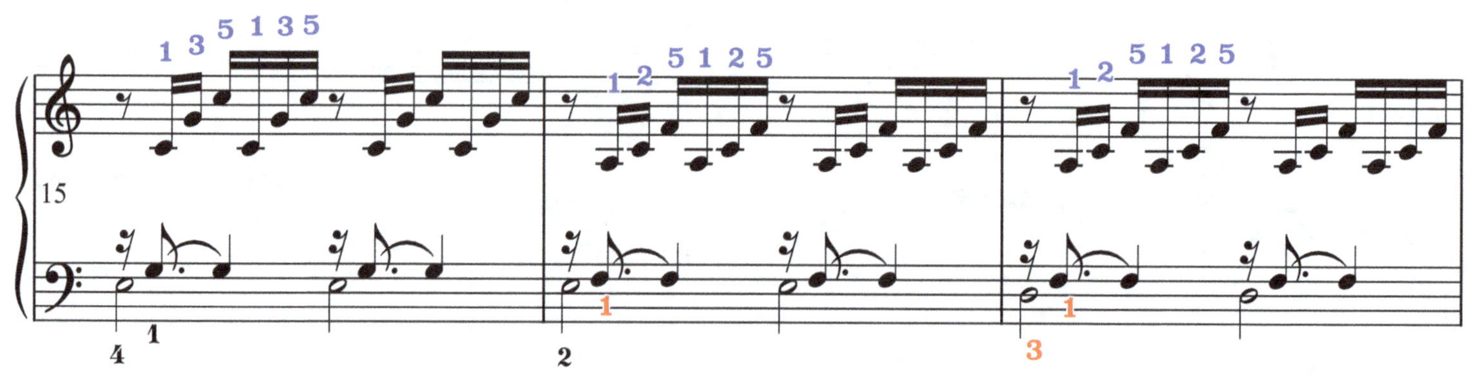

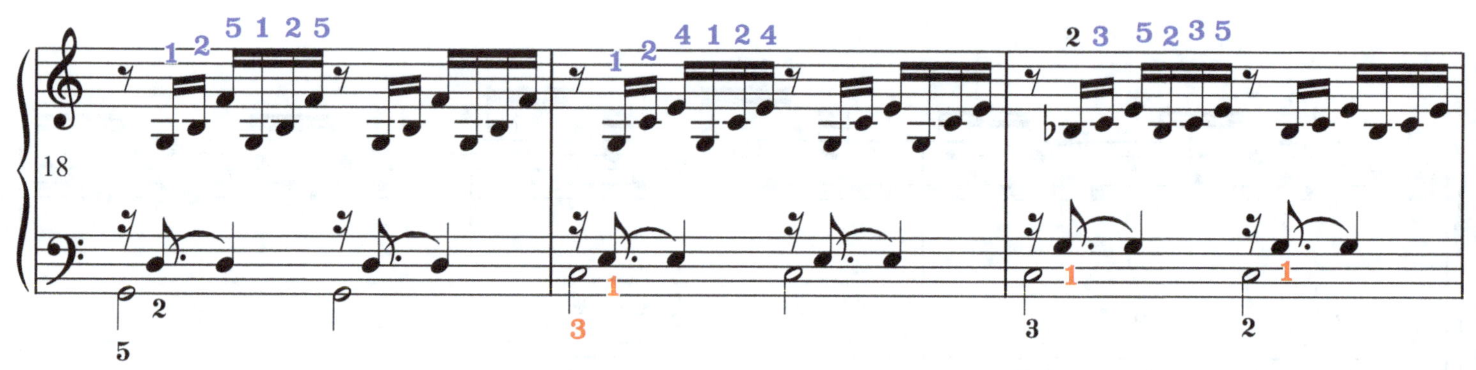

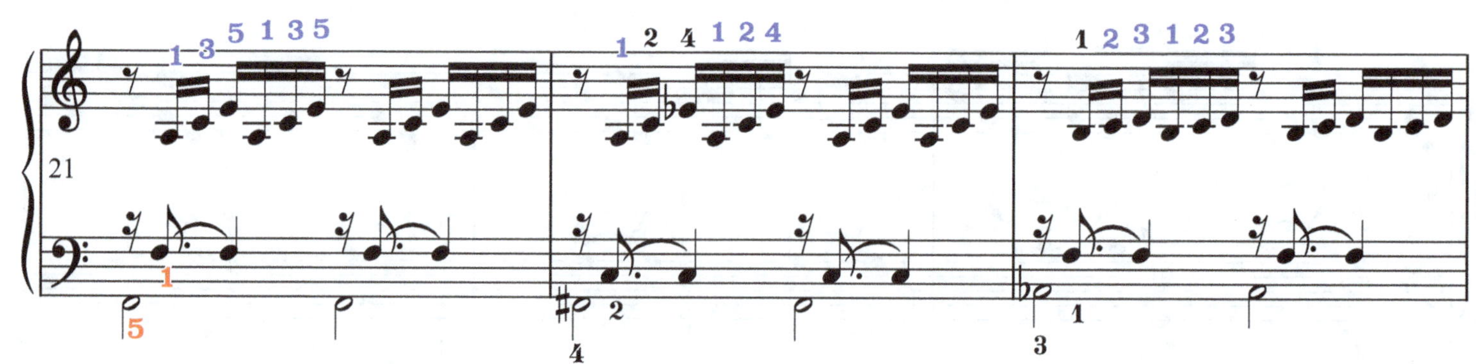

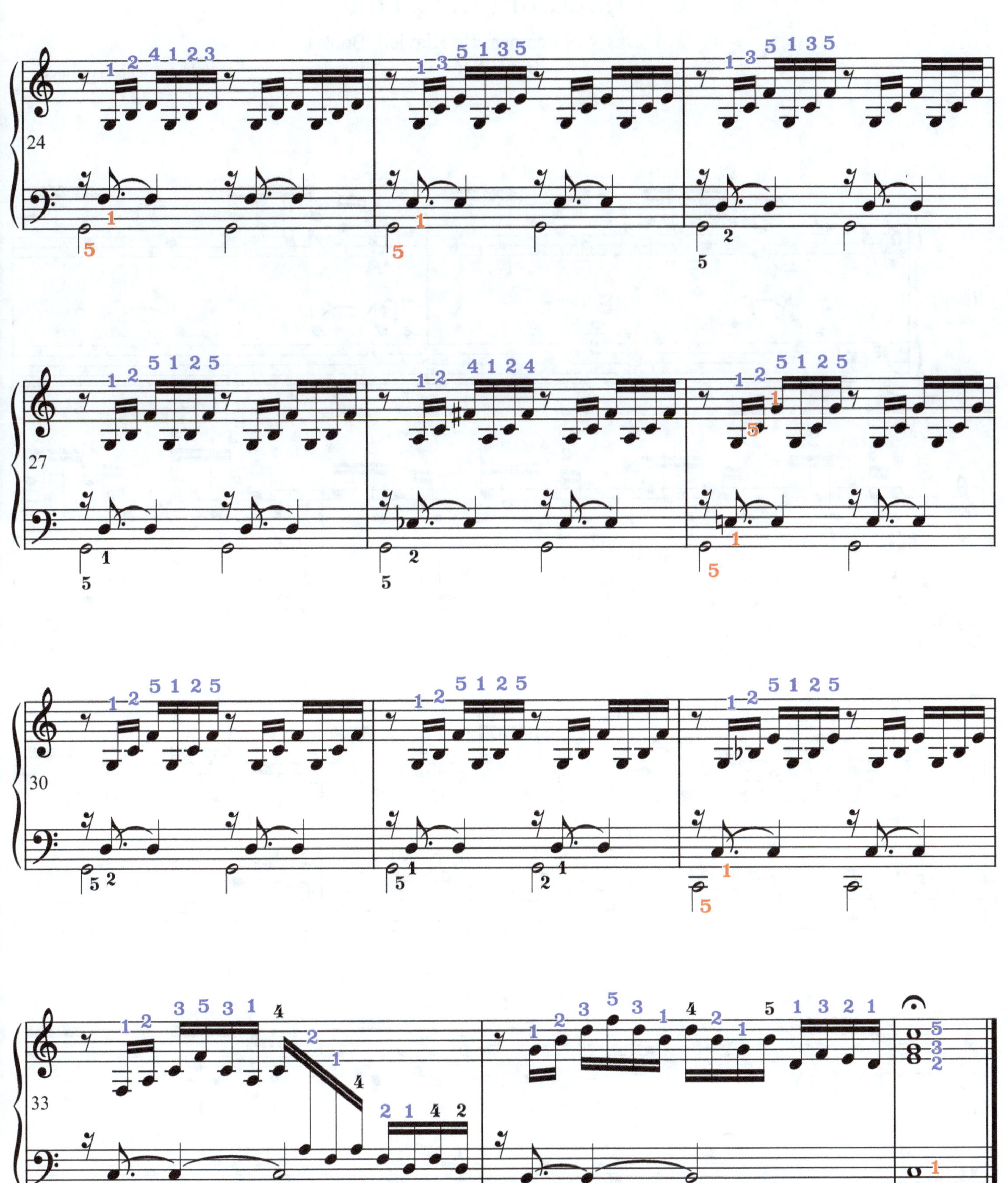

Präludium in C-Dur

aus "Das Wohltemperierte Klavier" Book I

BWV 846

Johann Sebastian Bach

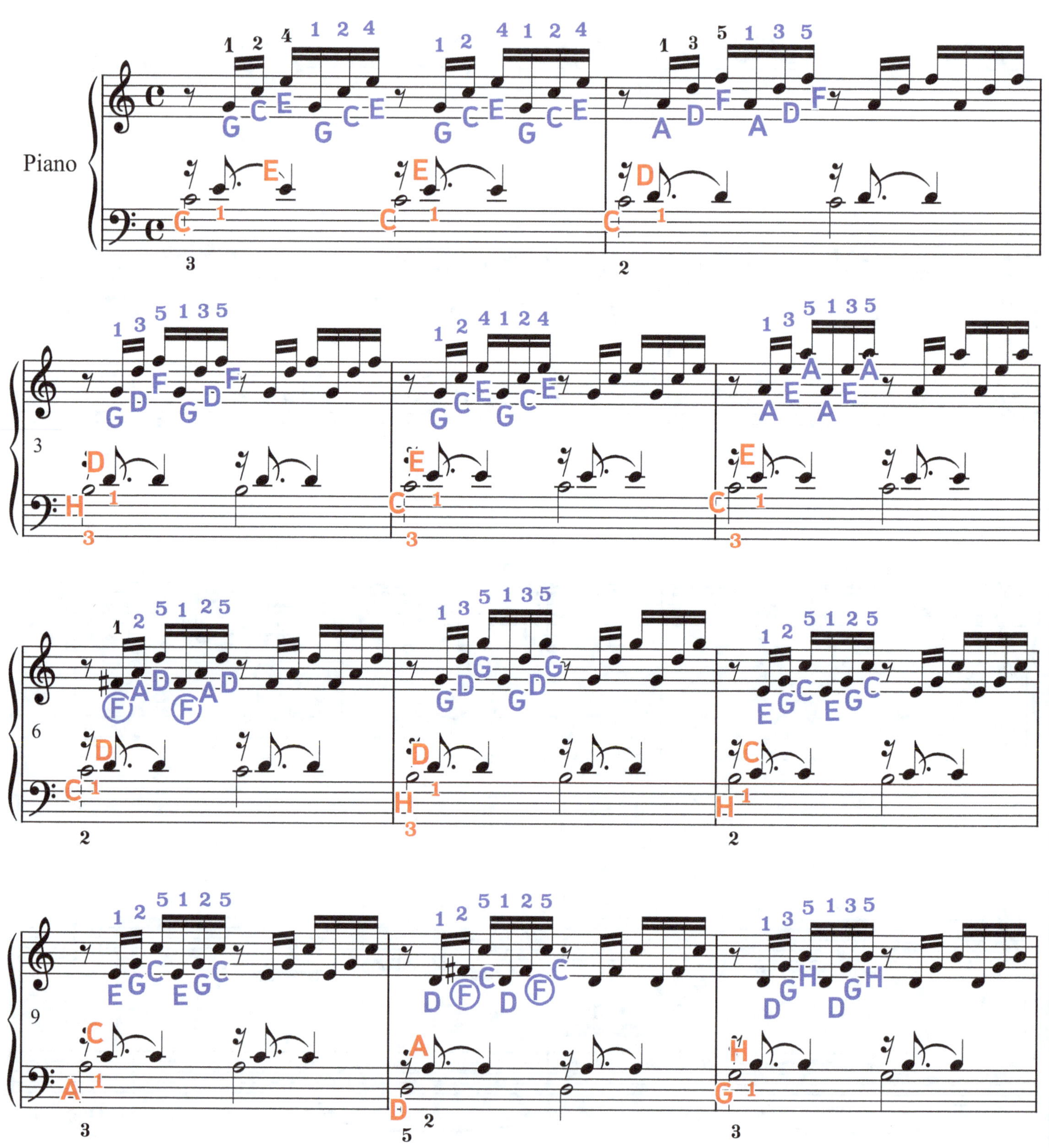

12

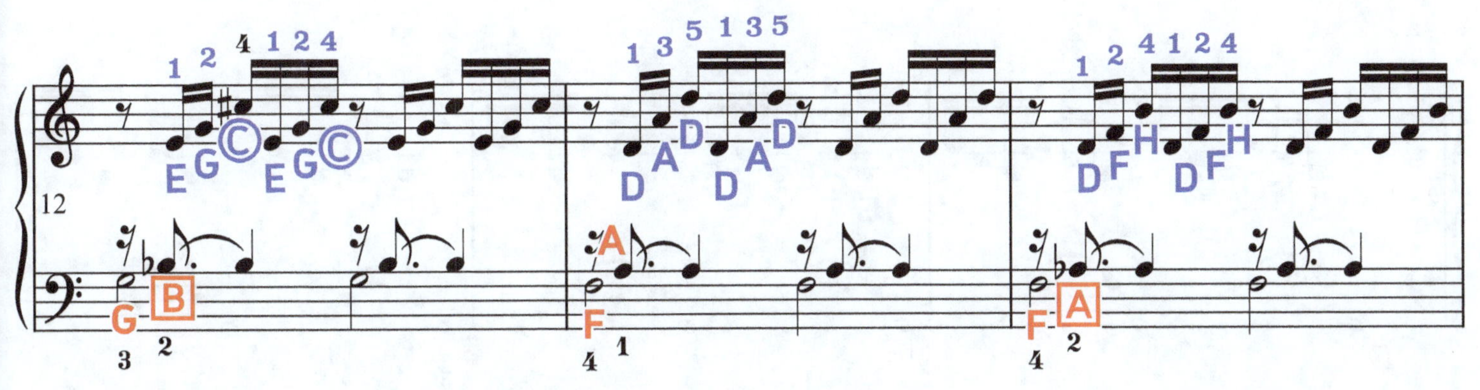
12
E G C E G C
D A D D A D
D F H D F H
G B
A
F
F A

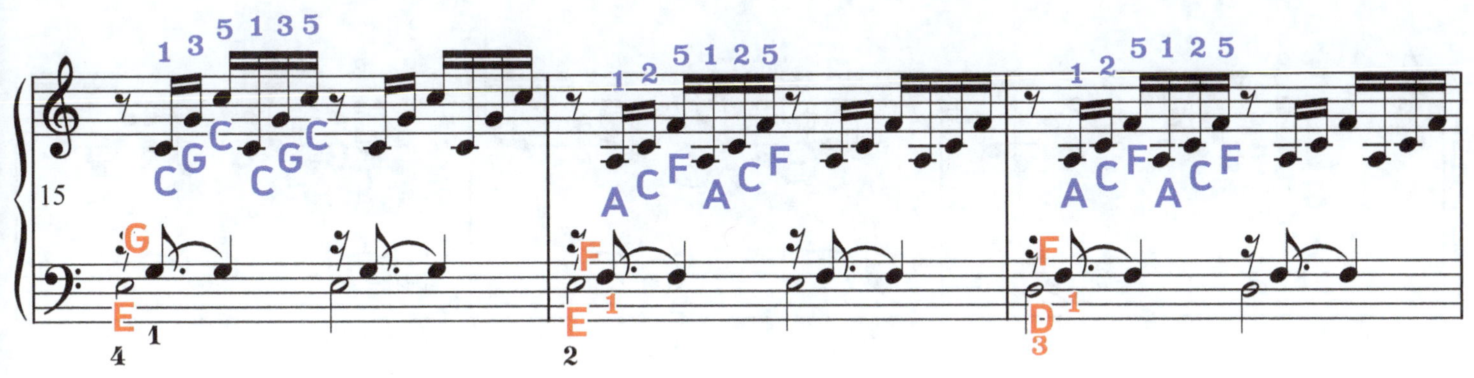
15
C G C C G C
A C F A C F
A C F A C F
G
E
F
E
F
D

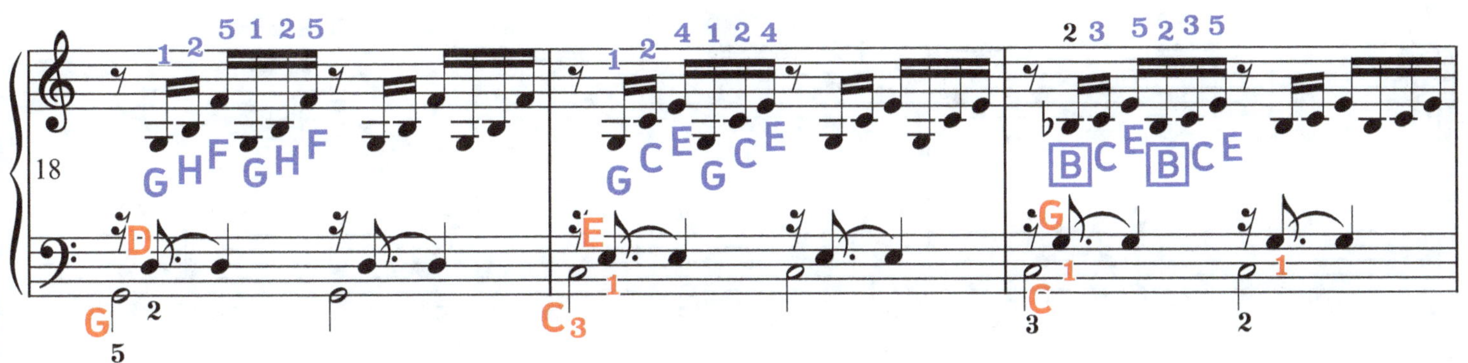
18
G H F G H F
G C E G C E
B C E B C E
D
E
G
G
C
C

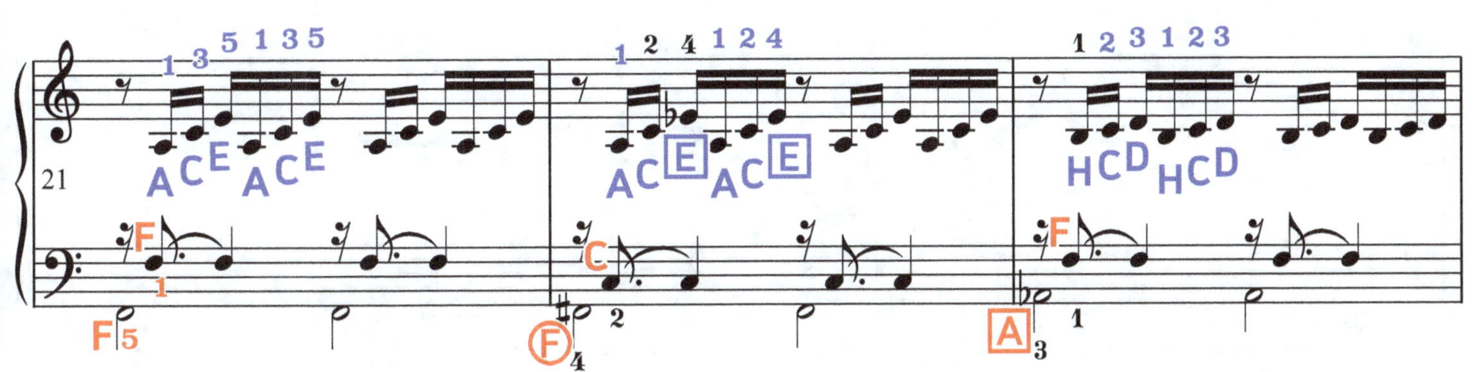
21
A C E A C E
A C E A C E
H C D H C D
F
C
F
F
F
A

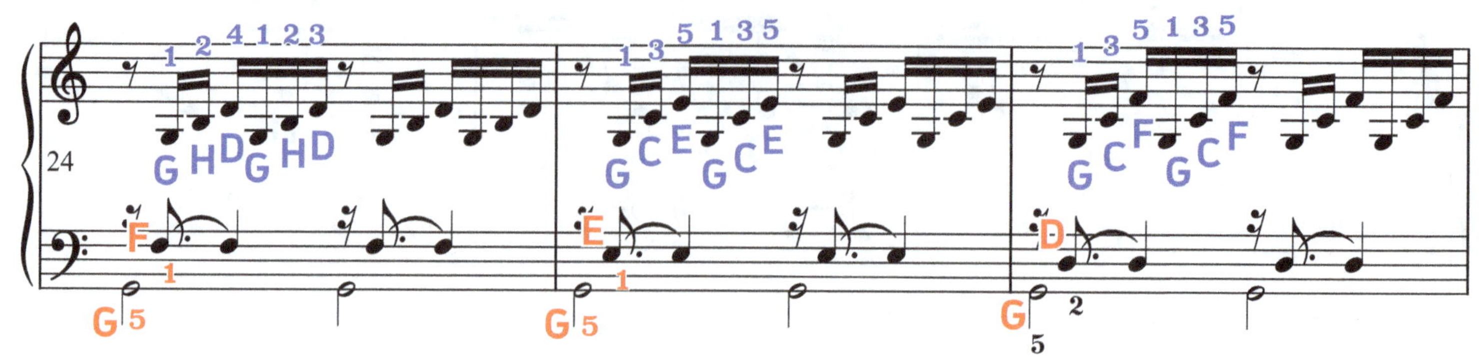
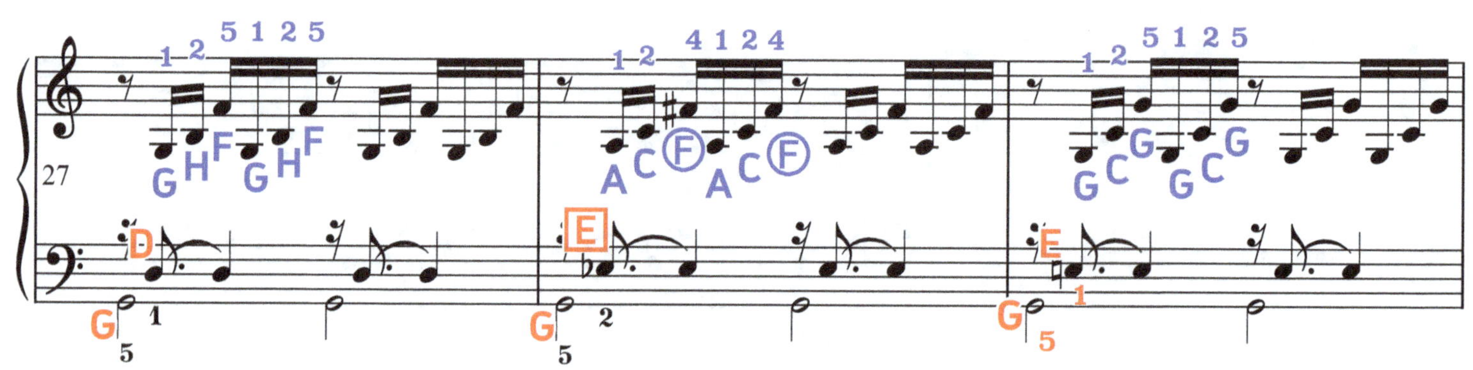
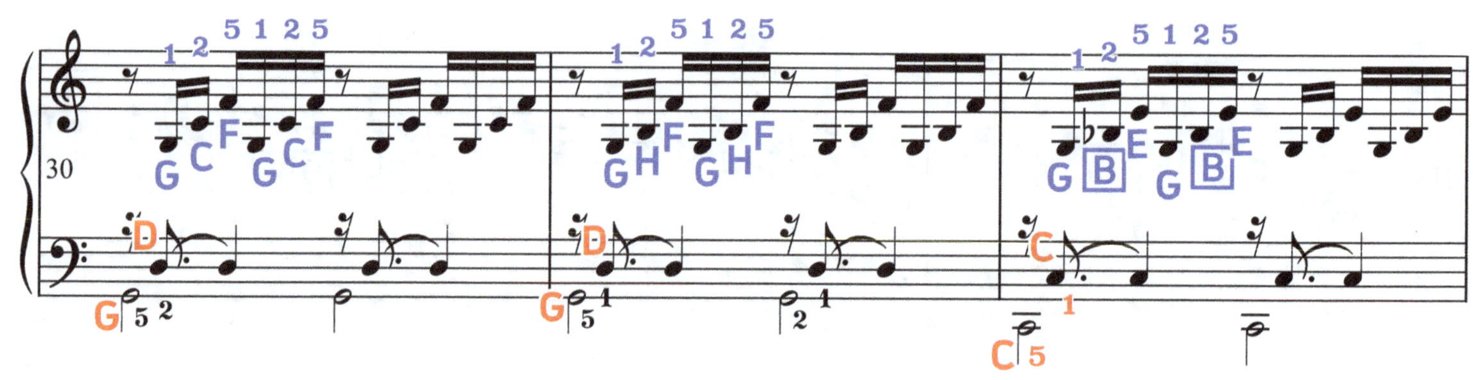
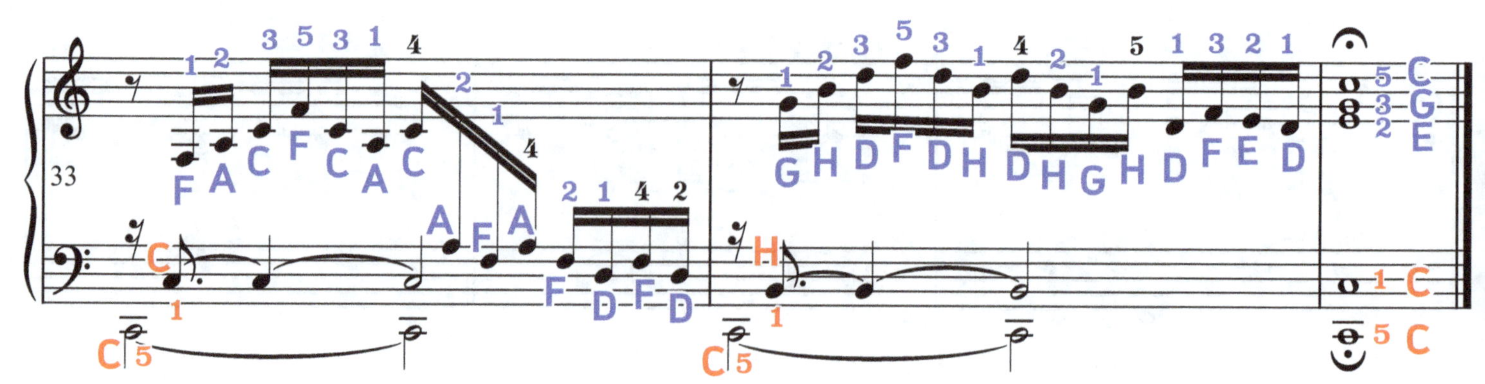

GYMNOPÉDIE NR. 1
aus "Drei Gymnopédies"

Unsere nächstes Stück ist Erik Saties "Gymnopédie Nr.1", komponiert 1888. Es ist eine ruhige und melancholische Komposition, von welcher Sie ein ausdrucksvolles Spiel und Tempokontrolle lernen können. Das Zusammenspiel von Emotion und Technik ist ideal um eine Dynamik zu entwickeln und den Einstz des Pedals beherrschen zu lernen.

Die folgenden Tipps werden Ihnen helfen, zu üben und besser zu werden.

1. LANGSAM BEGINNEN

Es ist sehr wichtig jede Note korrekt zu spielen und in einem langsamen Tempo zu beginnen. Somit bauen Sie das notwenige Muskelgedächtnis der Finger auf.

2. FINGER NUMMERIERUNG

Achten Sie besonders auf die Fingernummern. Denken Sie daran das die flüssige Bewegung und Platzierung der Finger und Hände wichtig sind um flüssig zu spielen.

3. NENNEN ODER SINGEN

Noten laut auszusprechen oder zu singen beim Üben kann Ihnen helfen die Position der Töne auf dem Klavier und im Notensystem besser im Gedächtnis zu behalten.

4. HERUNTERBRECHEN

Fokusieren Sie sich auf kleine Sektionen (Sätze) des lernenden Stückes und verbinden Sie kleine Teile zu dem ganzen. Das korrekte Spielen einzelner Sätze gibt Ihnen Sicherheit und Motivation um korrekt zu spielen.

5. GETRENNT DANN ZUSAMMEN

Es ist hilfreich an jeder Hand einzeln zu arbeiten um sich auf die spezifischen Schwierigkeiten zu konzentrieren. Wenn die Hänsde einzeln beherrscht und Sie sich bereit fühlen dann beginnen Sie mit beiden Händen zu spielen.

6. SICH SELBST AUFNEHMEN

Dokumentieren Sie ihre Übungseinheiten, um zu sehen, woran Sie arbeiten müssen und wie Sie sich im Laufe der Zeit verbessern.

7. AUF DEN RYTHMUS ACHTEN

Ein Metronom kann sehr hilfreich sein. Stellen Sie die Geschwindigkeit zunächst auf ein niedriges Niveau ein und mit der Gewöhnung an dies erhöhen Sie das Tempo dann langsam .

8. REGELMÄSSIGES ÜBEN

Konsequentes Üben ist wichtig und der Schlüssel zum Erfolg. Tägliche kurze Übungseinheiten sind besser als seltene lange. Es gilt das gelernte zu verarbeiten in der Pausezeit. Fortschritt und Festigung in der Spielzeit.

9. FINGERWECHSEL BEDENKEN

Komponisten fügen diese Nummern in den originalen Noten hinzu als Hilfe hinzu für glattere Übergänge ein flüssiges Spielen. Denken Sie daran schwierige Passagen durch Optimieren von Fingern zu erleichtern.

10. NOTEN LESEN

Üben Sie das Lesen der Originalpartitur. Bei Unsicherheiten greifen Sie auf die Hilfsversionen zurück. Noten lesen hilft Ihnen, ein besserer Musiker zu werden, mehr Lieder zu lernen und das Anfängerniveau zu überwinden.

Gymnopédie Nr. 1

aus *Trois Gymnopédies*

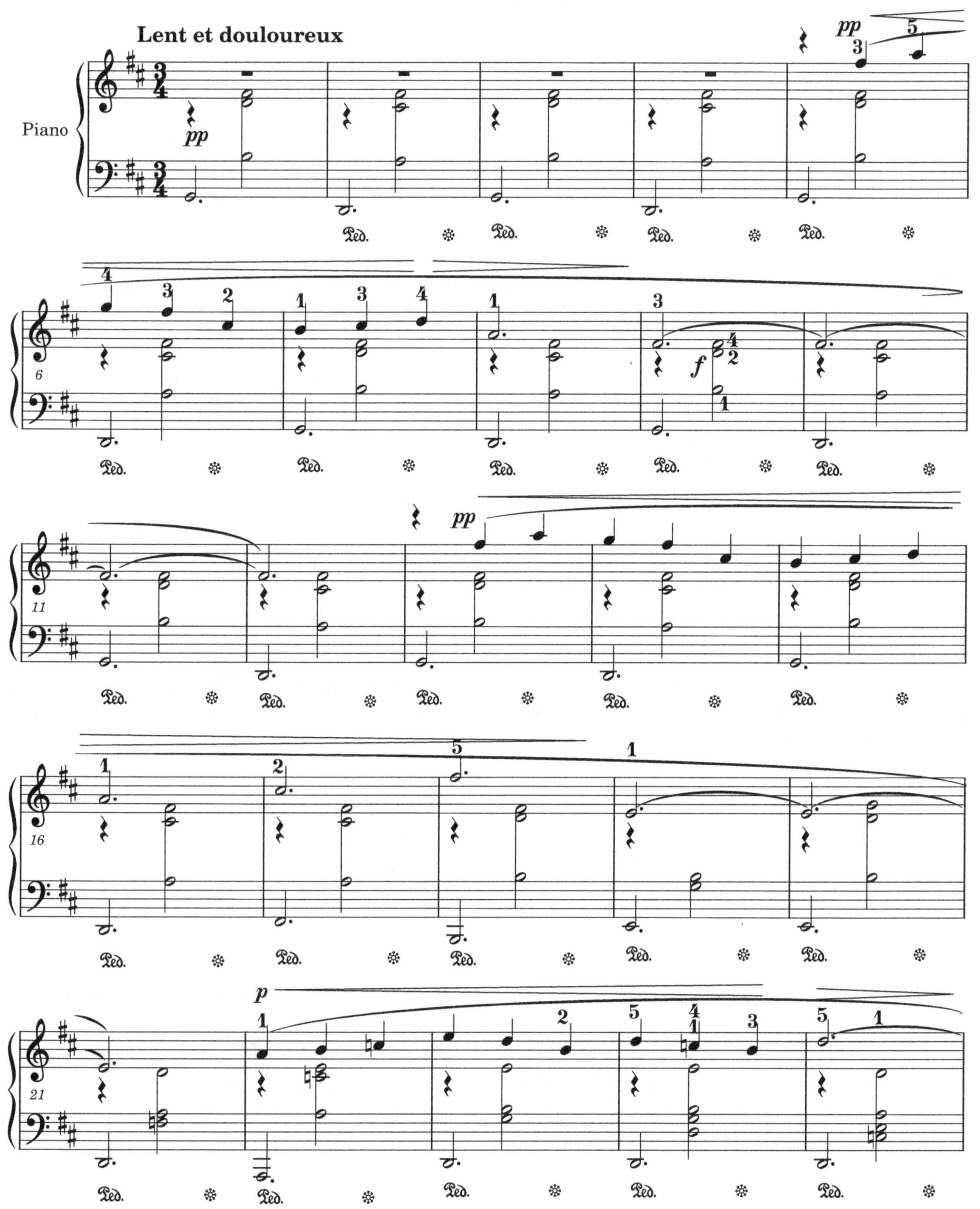

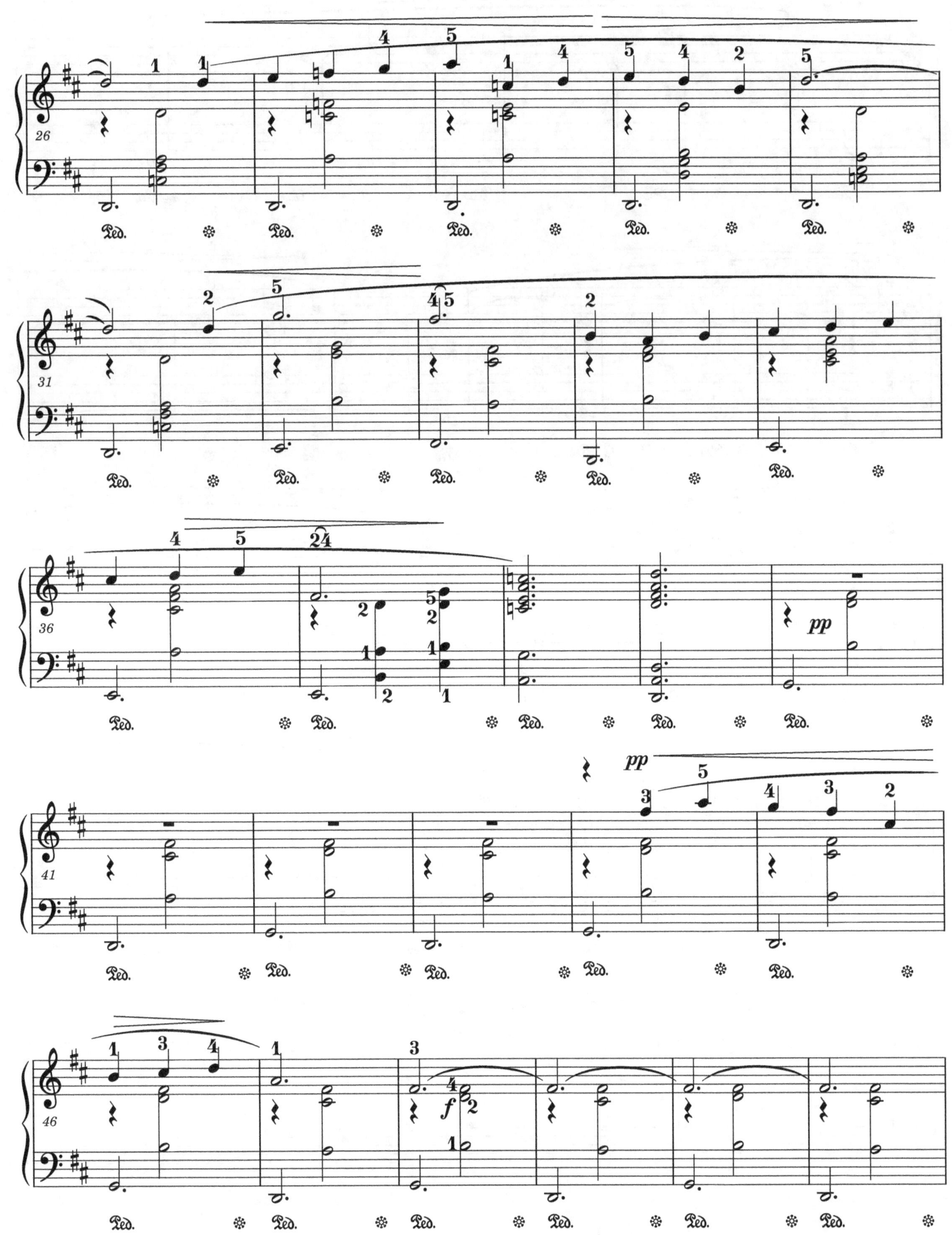

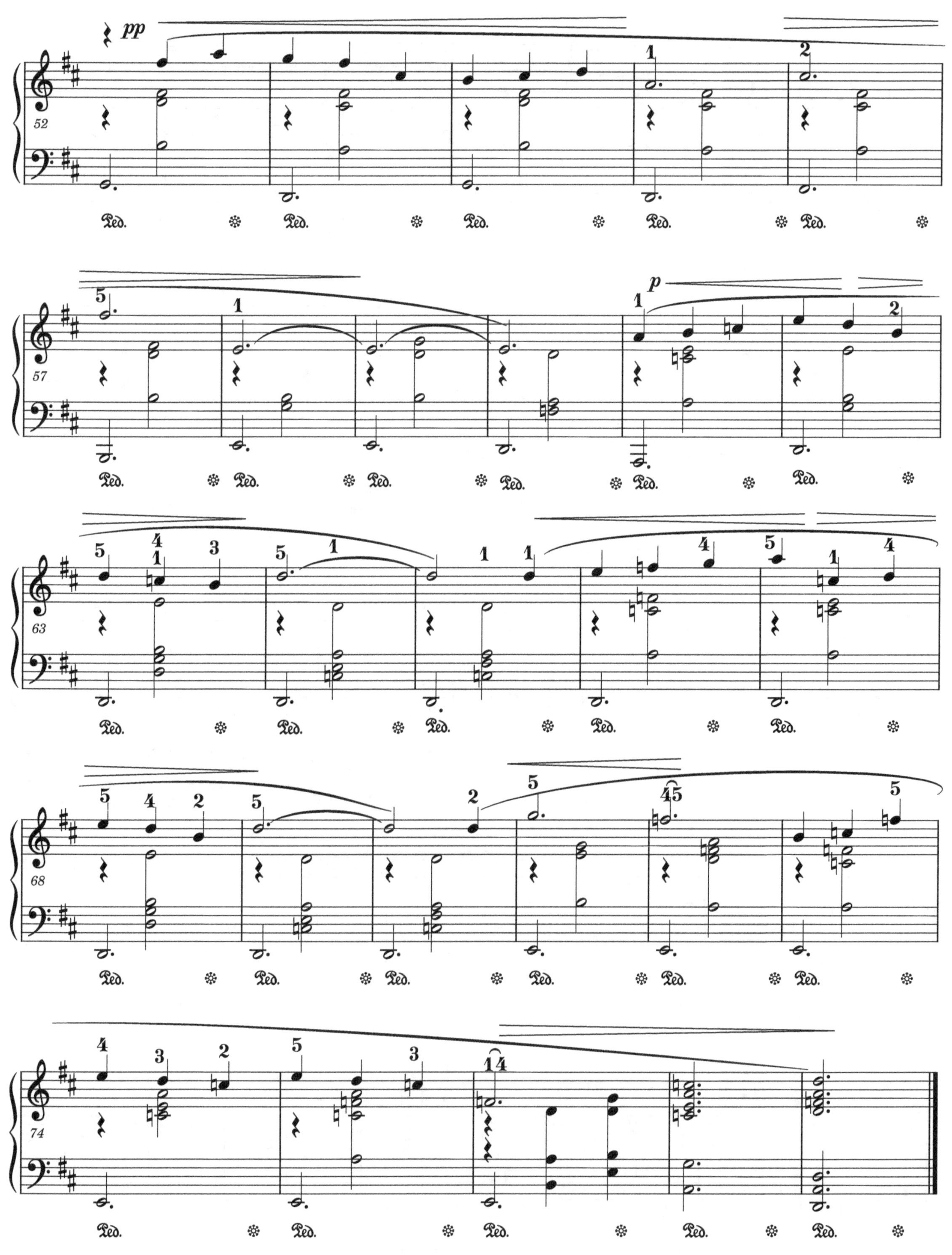

Gymnopédie Nr. 1

aus *Trois Gymnopédies*

Éric Alfred Leslie Satie

Erik Satie
(1866–1925)

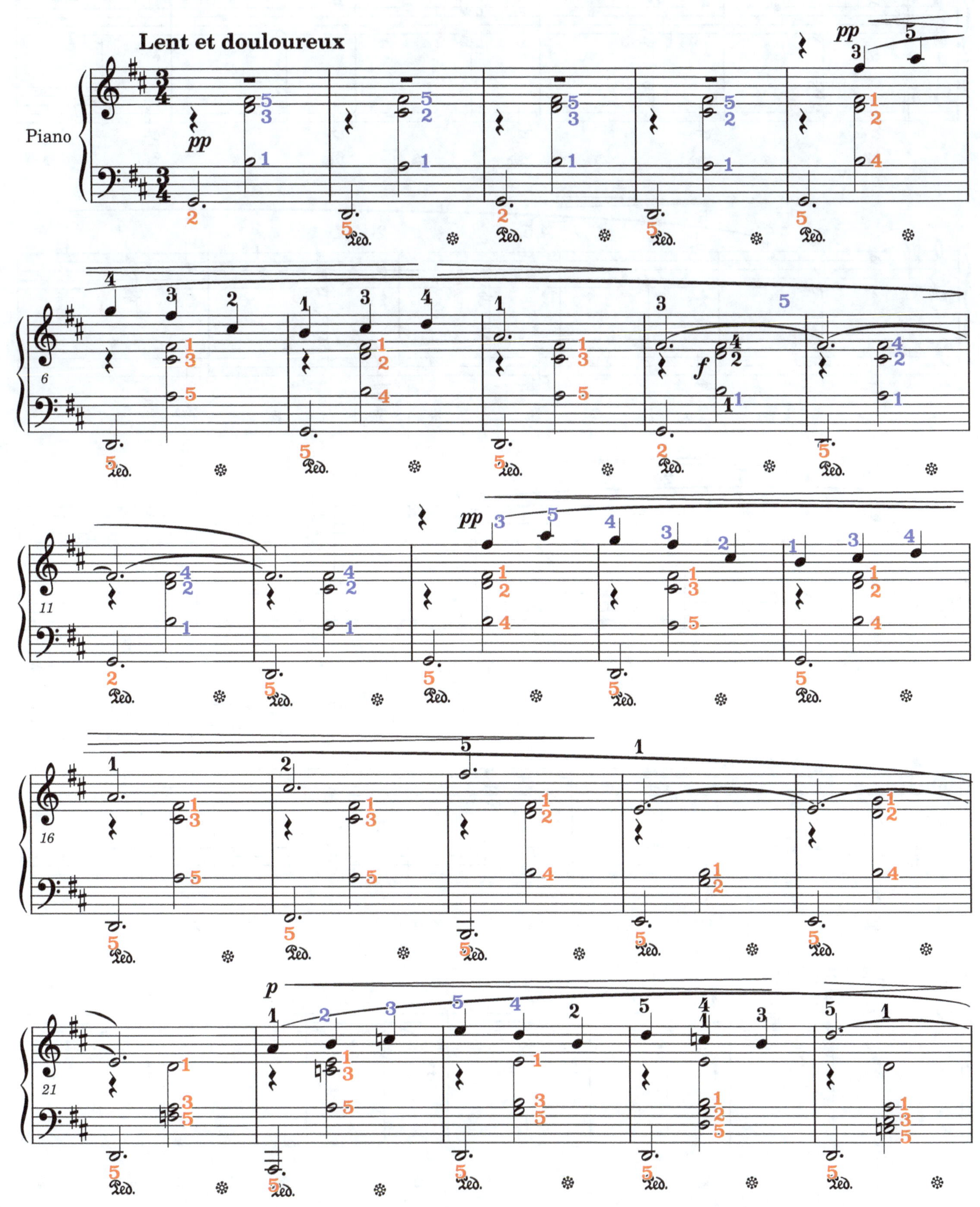

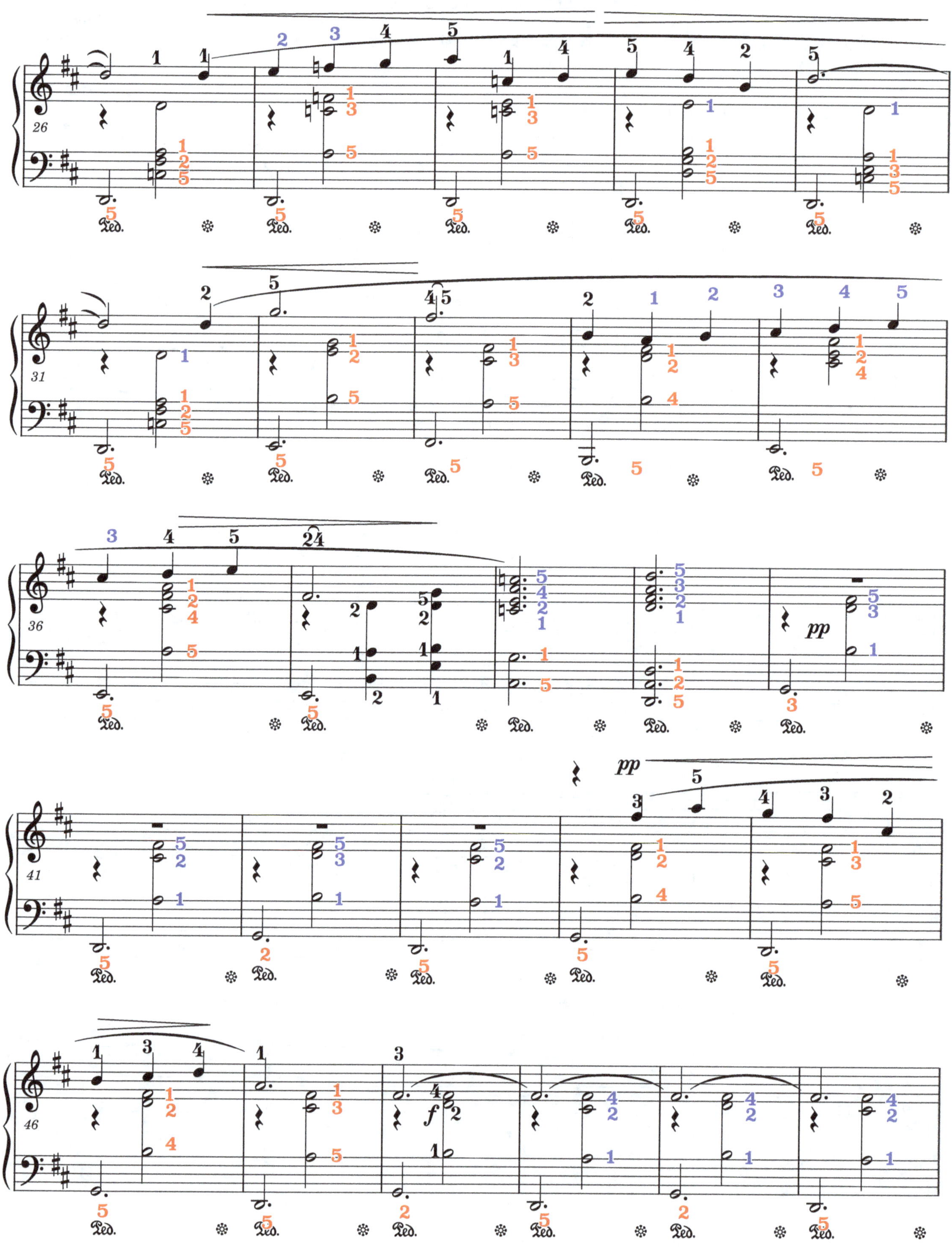
pp
pp
f
Ped.

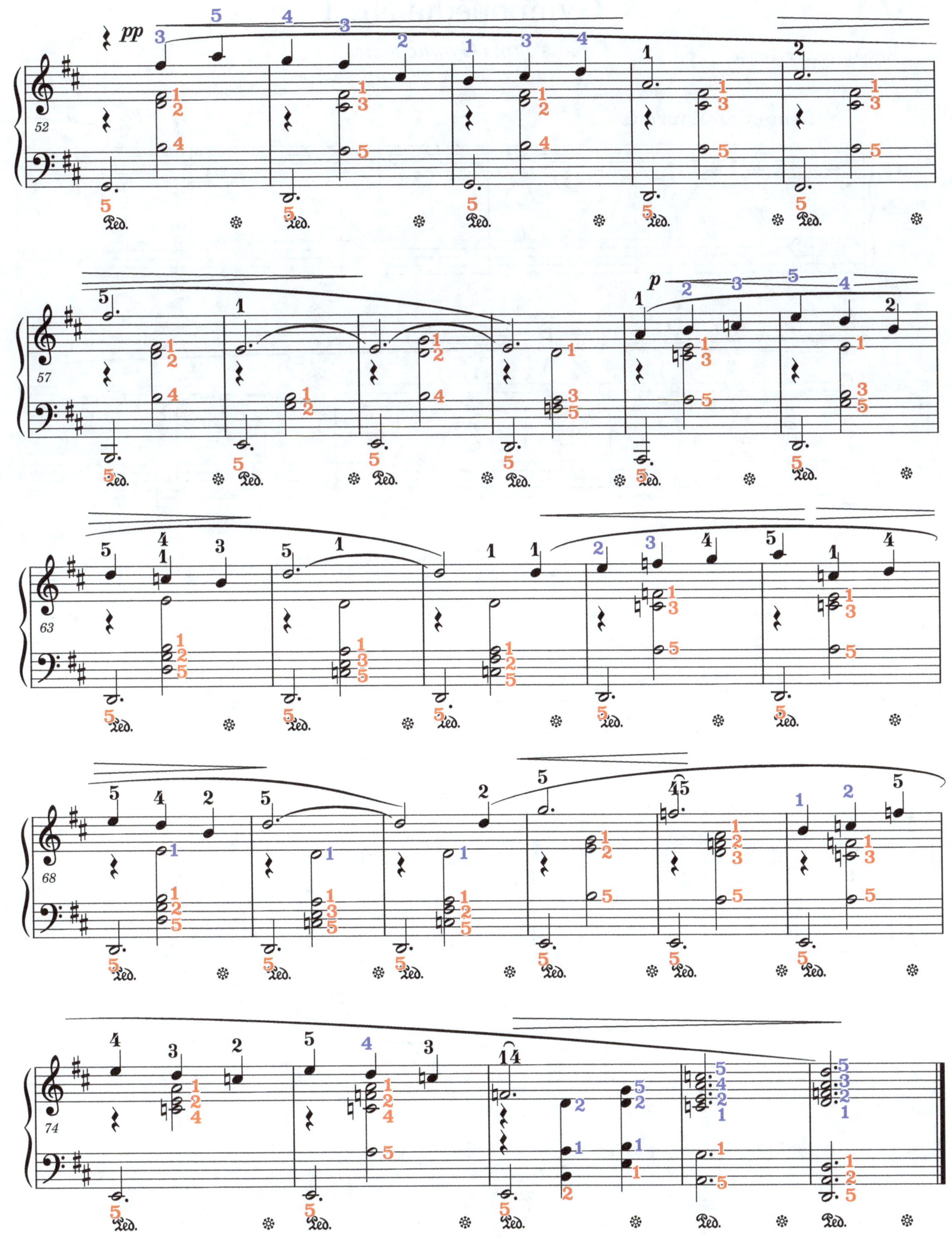

Gymnopédie Nr. 1

aus *Trois Gymnopédies*

Éric Alfred Leslie Satie

Erik Satie
(1866–1925)

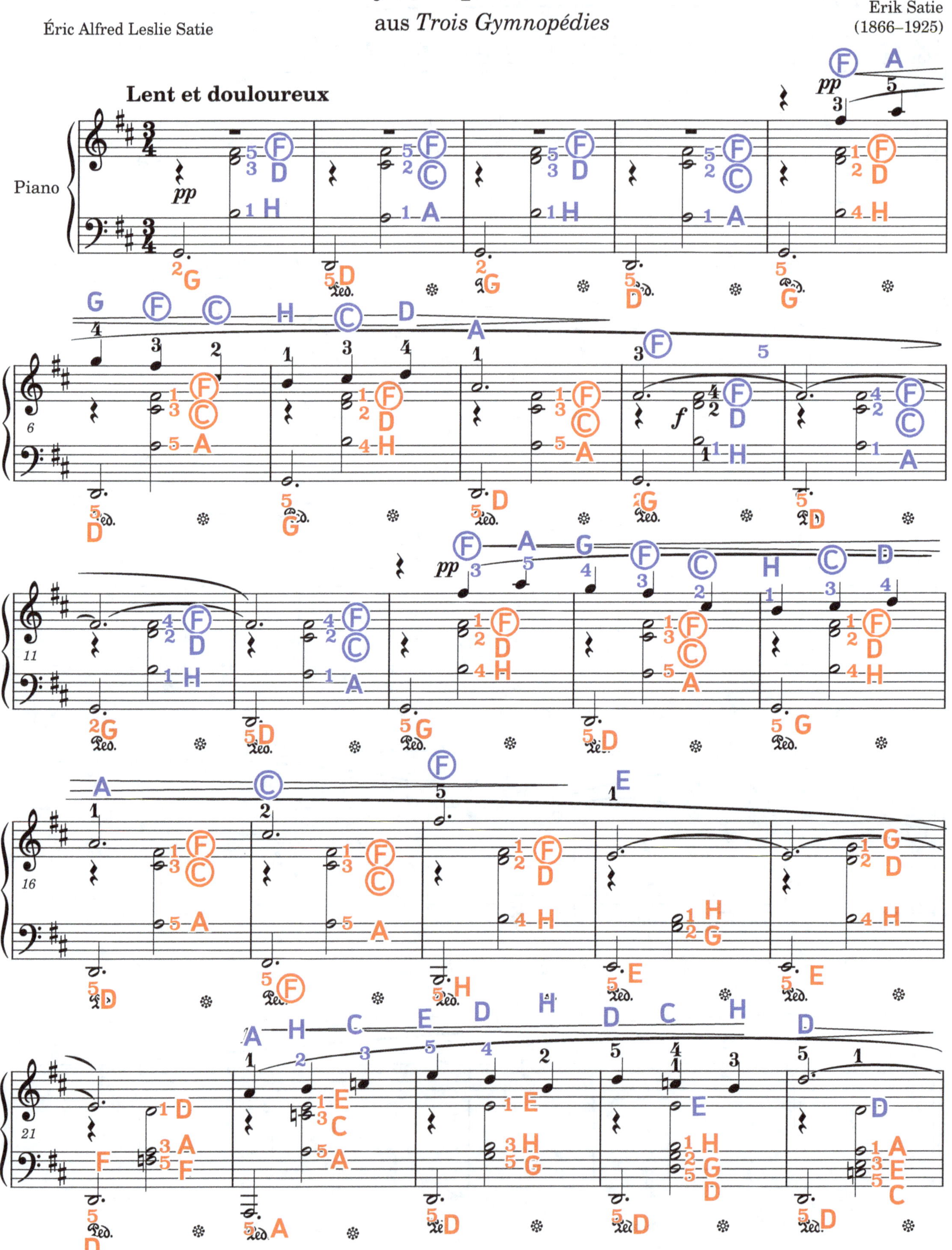

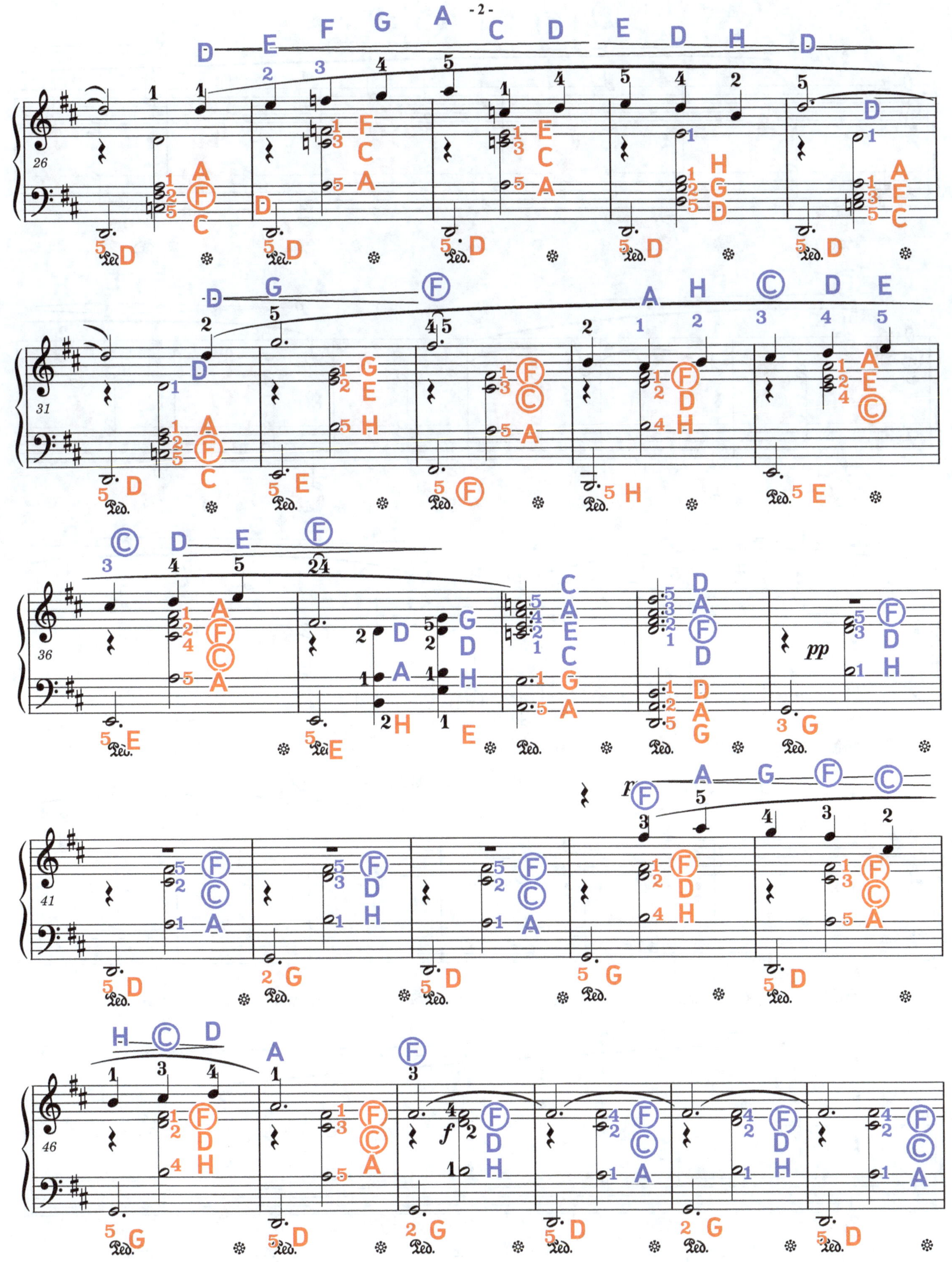
- 2 -
23

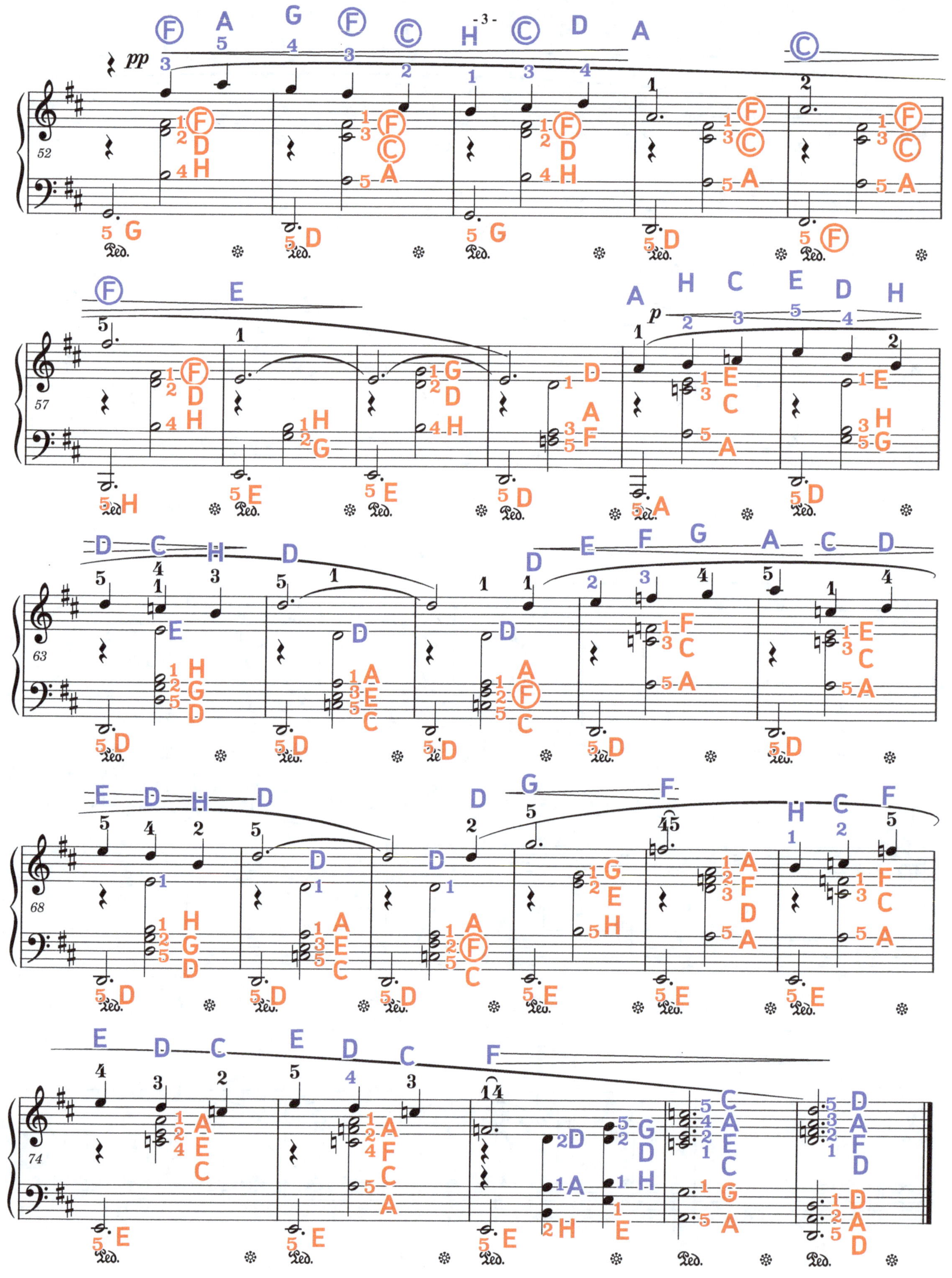

FÜR ELISE IN A-MOLL
WoO 59

Ludwig van Beethoven's berühmte Komposition "Für Elise", 1810 komponiert, ist eine sehr beliebte Wahl unter Klavieranfänger wegen ihrer einprägsamen und einfachen Melodie. Voller Abwechslung zwischen Drama und einem zarten Thema bietet Ihnen dieses Stück grundlegende klassische Musikkentnisse und ermöglicht eine emotionale Tiefe und technische Kontrolle zu enwtickeln.

Die folgenden Tipps werden Ihnen helfen, zu üben und besser zu werden.

1. LANGSAM BEGINNEN

Es ist sehr wichtig jede Note korrekt zu spielen und in einem langsamen Tempo zu beginnen. Somit bauen Sie das notwenige Muskelgedächtnis der Finger auf.

2. FINGER NUMMERIERUNG

Achten Sie besonders auf die Fingernummern. Denken Sie daran das die flüssige Bewegung und Platzierung der Finger und Hände wichtig sind um flüssig zu spielen.

3. NENNEN ODER SINGEN

Noten laut auszusprechen oder zu singen beim Üben kann Ihnen helfen die Position der Töne auf dem Klavier und im Notensystem besser im Gedächtnis zu behalten.

4. HERUNTERBRECHEN

Fokusieren Sie sich auf kleine Sektionen (Sätze) des lernenden Stückes und verbinden Sie kleine Teile zu dem ganzen. Das korrekte Spielen einzelner Sätze gibt Ihnen Sicherheit und Motivation um korrekt zu spielen.

5. GETRENNT DANN ZUSAMMEN

Es ist hilfreich an jeder Hand einzeln zu arbeiten um sich auf die spezifischen Schwierigkeiten zu konzentrieren. Wenn die Hänsde einzeln beherrscht und Sie sich bereit fühlen dann beginnen Sie mit beiden Händen zu spielen.

6. SICH SELBST AUFNEHMEN

Dokumentieren Sie ihre Übungseinheiten, um zu sehen, woran Sie arbeiten müssen und wie Sie sich im Laufe der Zeit verbessern.

7. AUF DEN RYTHMUS ACHTEN

Ein Metronom kann sehr hilfreich sein. Stellen Sie die Geschwindigkeit zunächst auf ein niedriges Niveau ein und mit der Gewöhnung an dies erhöhen Sie das Tempo dann langsam .

8. REGELMÄSSIGES ÜBEN

Konsequentes Üben ist wichtig und der Schlüssel zum Erfolg. Tägliche kurze Übungseinheiten sind besser als seltene lange. Es gilt das gelernte zu verarbeiten in der Pausezeit. Fortschritt und Festigung in der Spielzeit.

9. FINGERWECHSEL BEDENKEN

Komponisten fügen diese Nummern in den originalen Noten hinzu als Hilfe hinzu für glattere Übergänge ein flüssiges Spielen. Denken Sie daran schwierige Passagen durch Optimieren von Fingern zu erleichtern.

10. NOTEN LESEN

Üben Sie das Lesen der Originalpartitur. Bei Unsicherheiten greifen Sie auf die Hilfsversionen zurück. Noten lesen hilft Ihnen, ein besserer Musiker zu werden, mehr Lieder zu lernen und das Anfängerniveau zu überwinden.

Für Elise
WoO 59

Ludwig van Beethoven
(1770–1827)

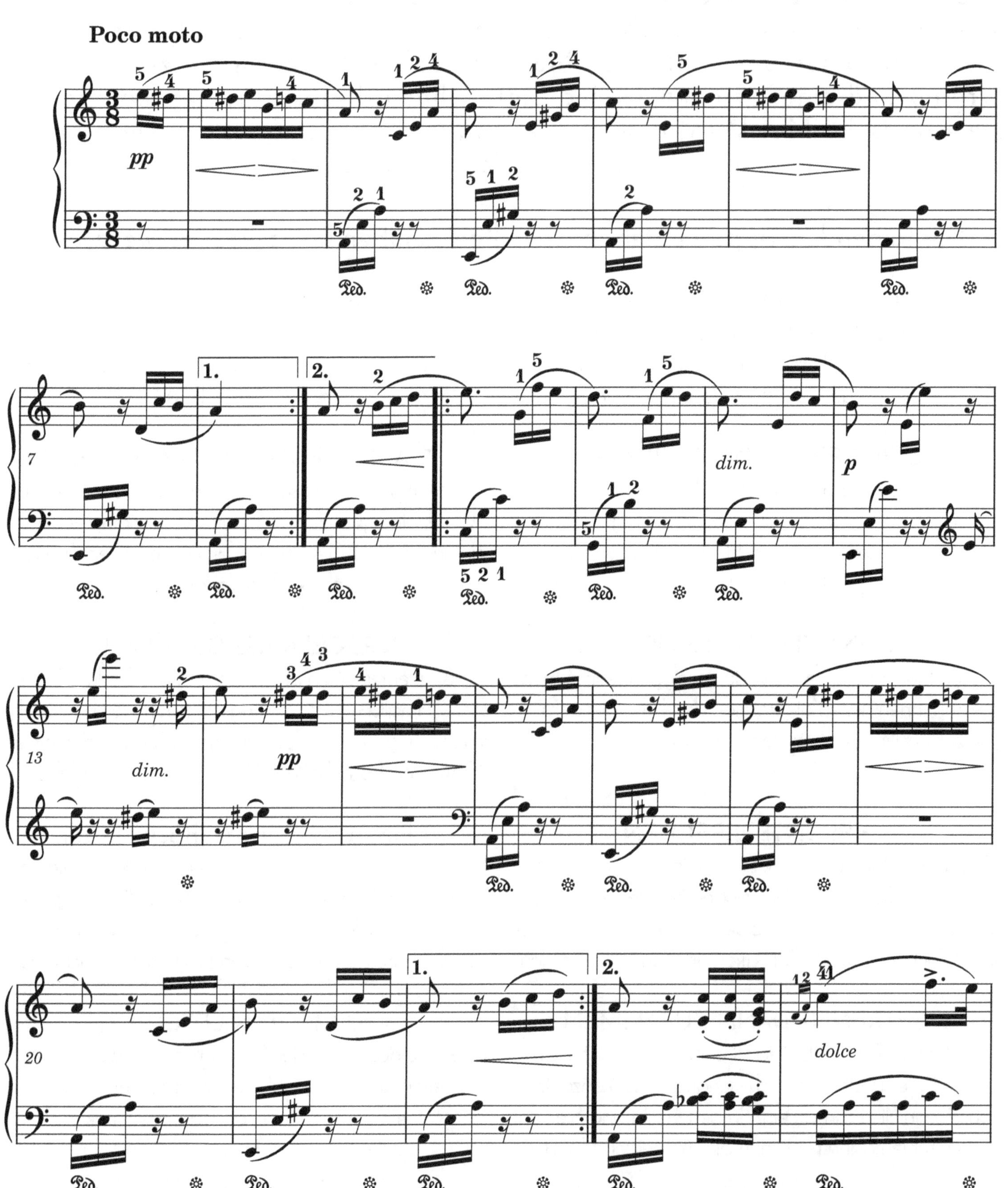

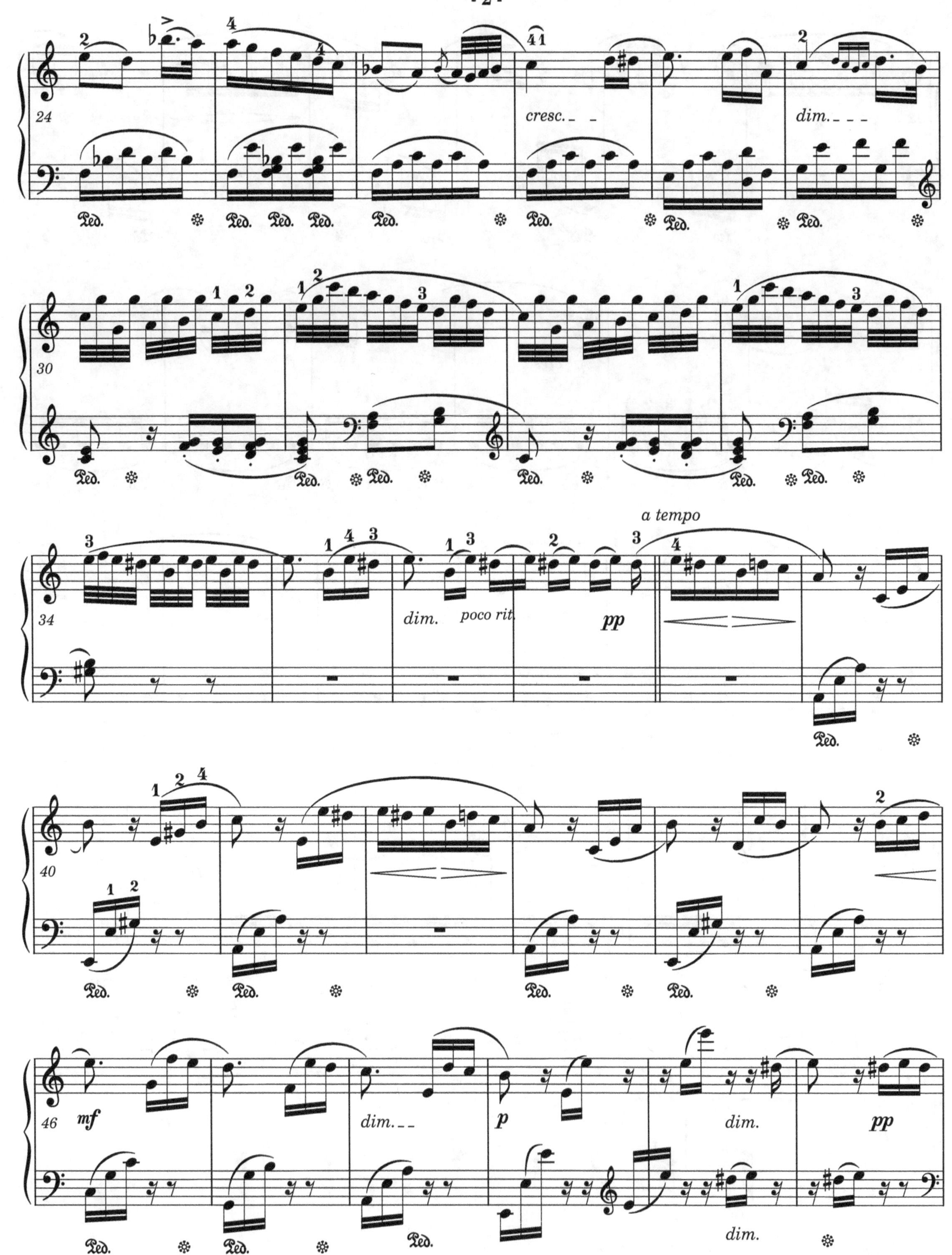
24
cresc.
dim.
Ped.
30
Ped.
a tempo
34
dim.
poco rit.
pp
Ped.
40
Ped.
46
mf
dim.
p
dim.
pp
dim.
Ped.

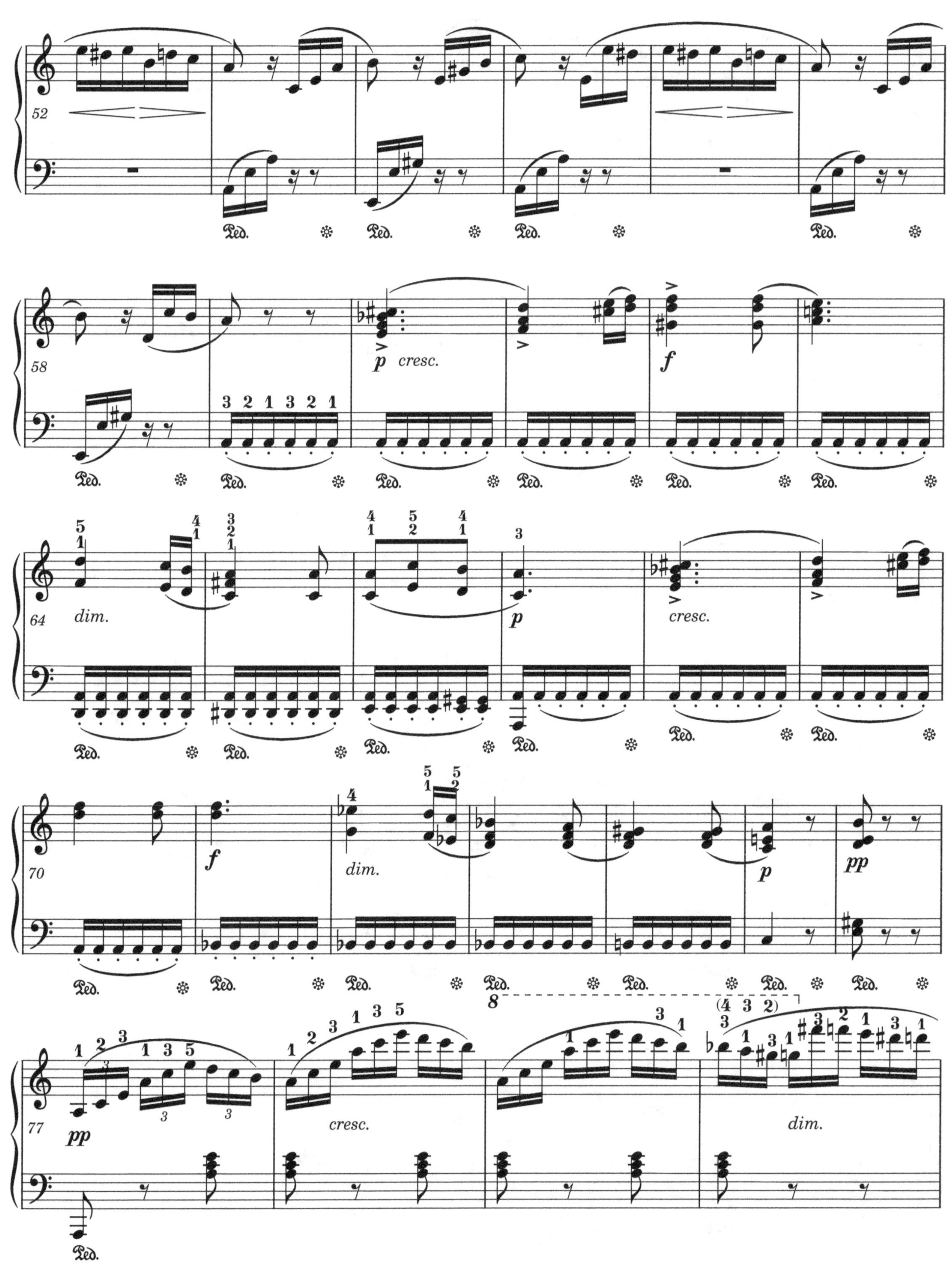

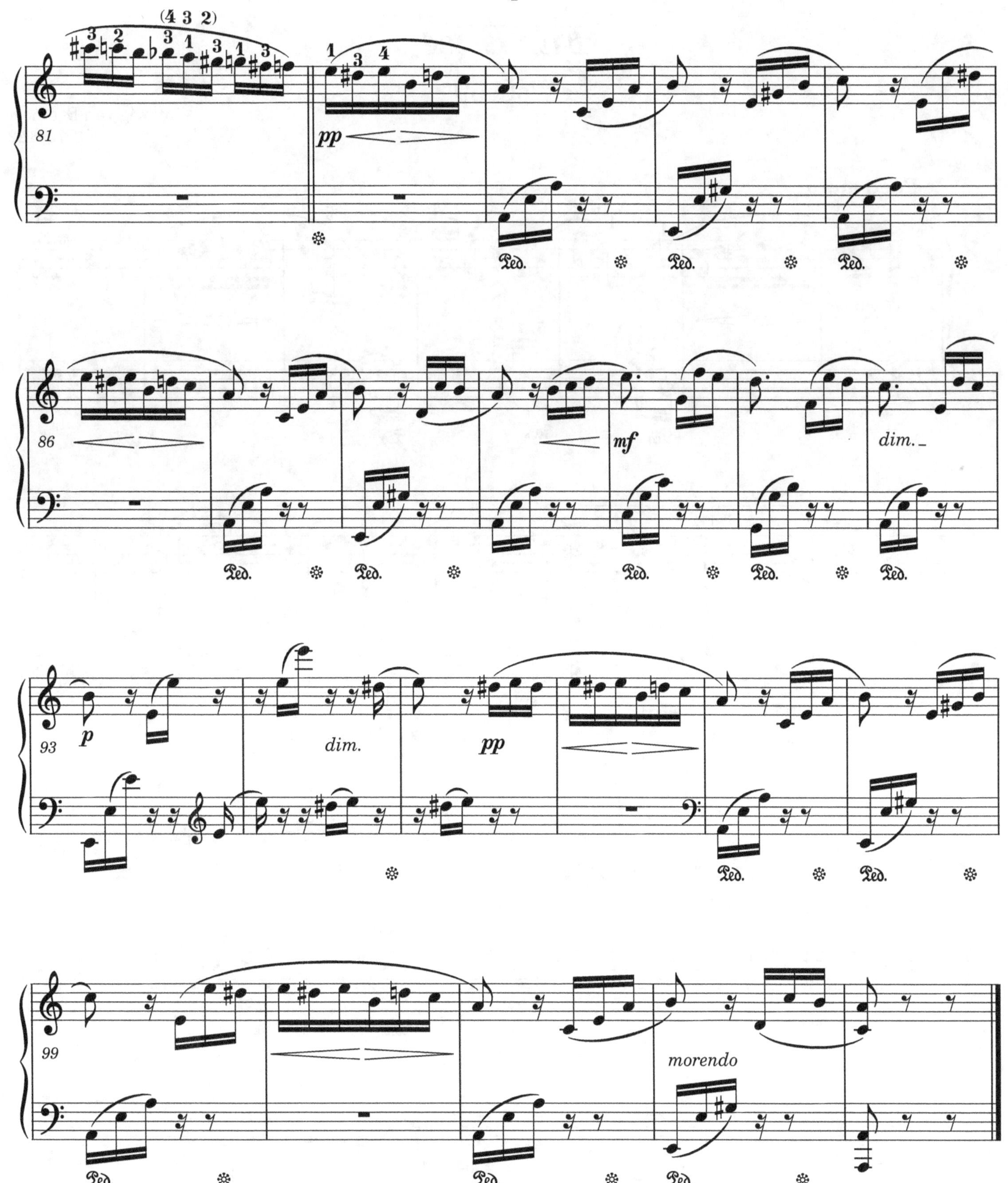
(4 3 2)
81
pp
Ped.
Ped.
Ped.
86
mf
dim.
Ped.
Ped.
Ped.
Ped.
Ped.
93
p
dim.
pp
Ped.
Ped.
99
morendo
Ped.
Ped.
Ped.

Für Elise

WoO 59

Ludwig van Beethoven
(1770–1827)

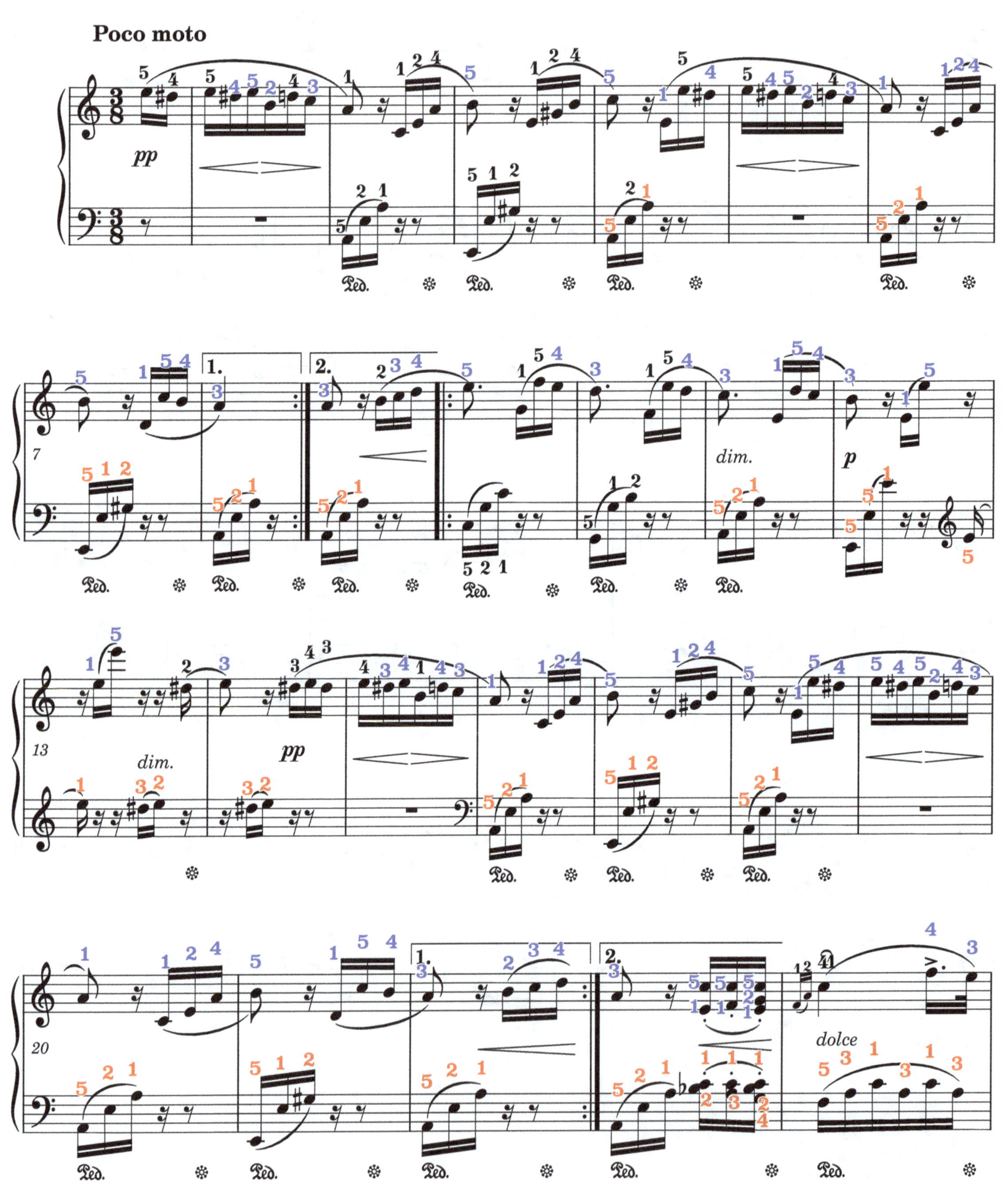

30

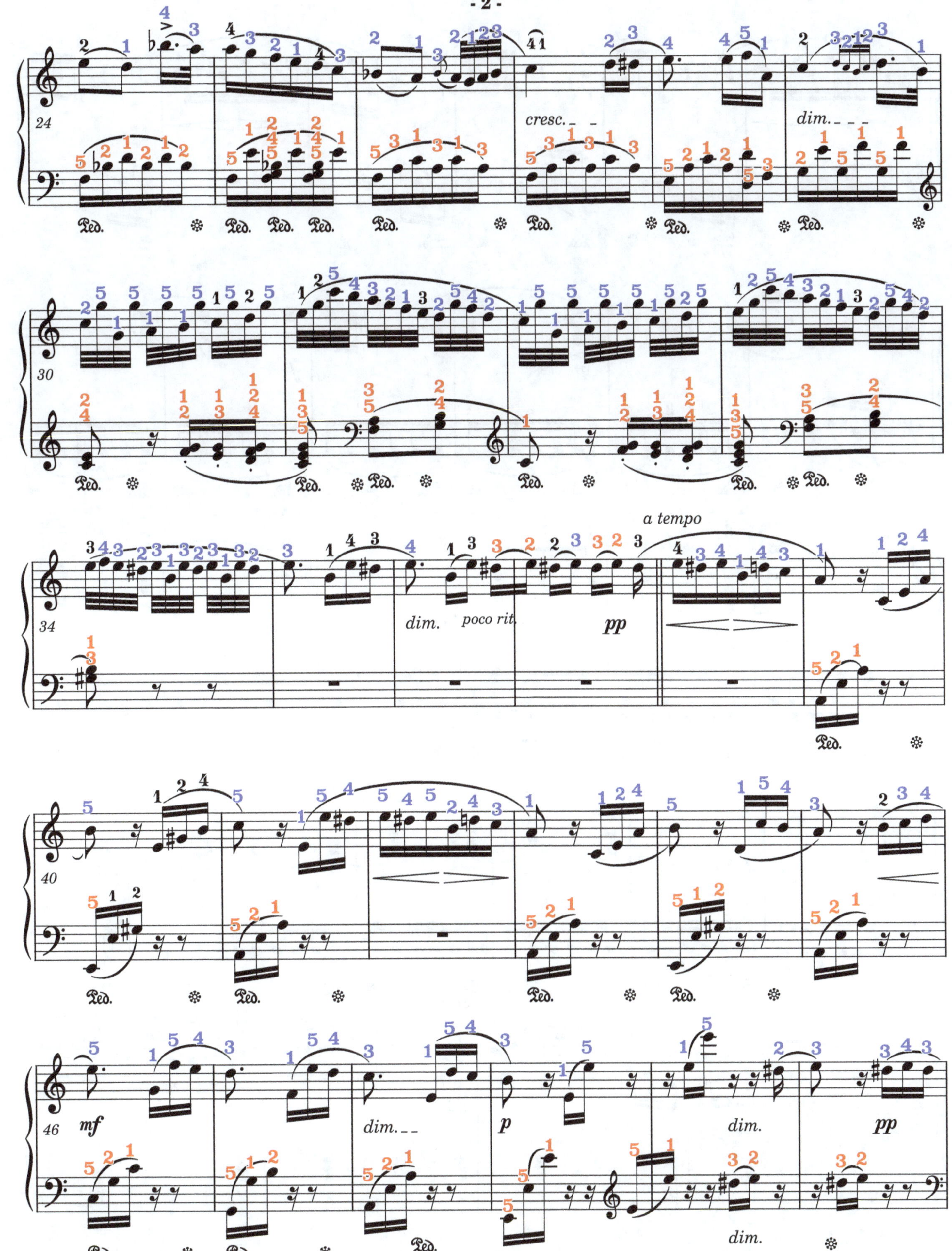
24
cresc.
dim.
30
34
a tempo
dim.
poco rit.
pp
40
46
mf
dim.
p
dim.
pp
dim.
Ped.

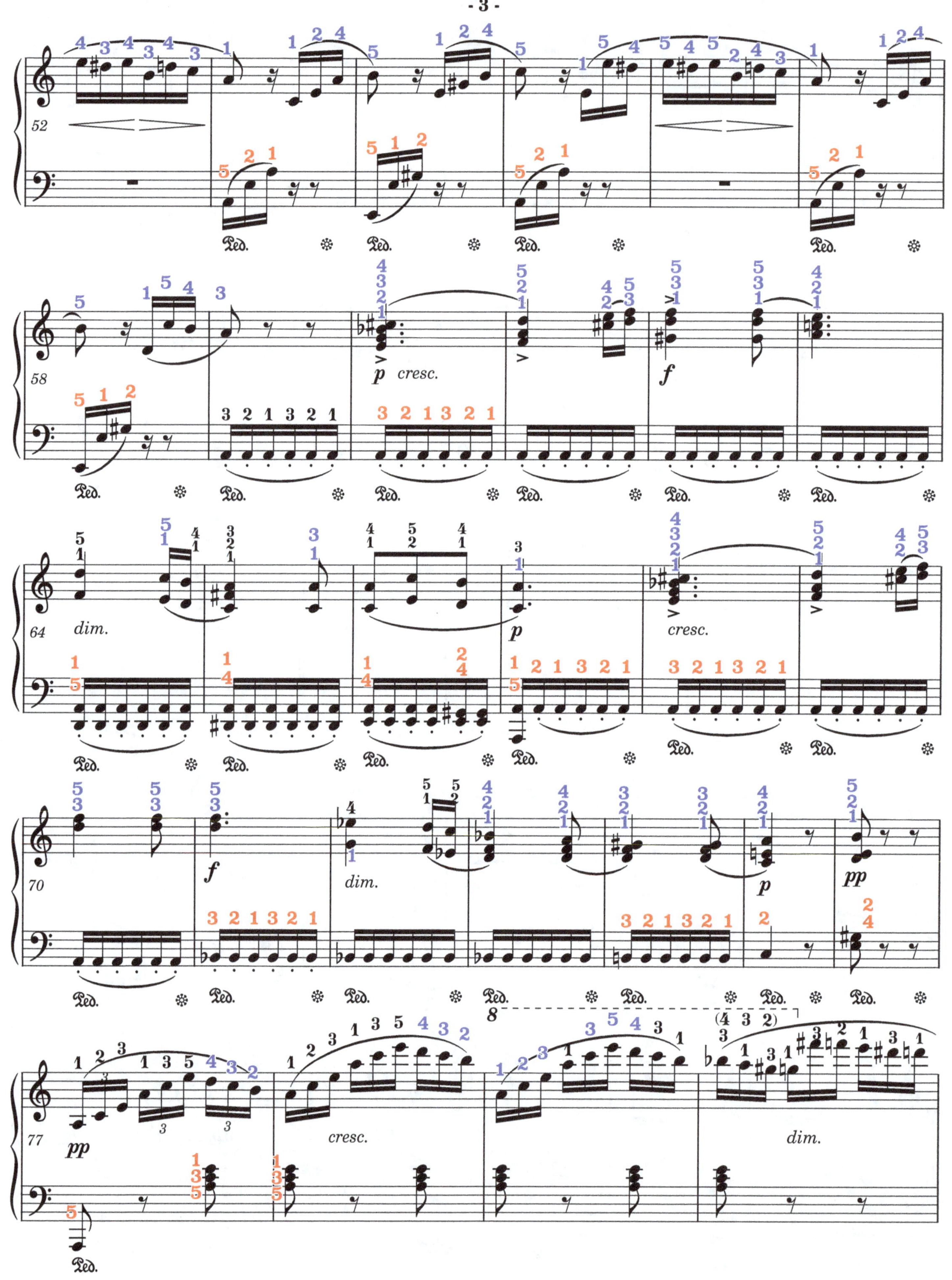
52
58
64
dim.
p cresc.
>
f
70
f
dim.
p
pp
77
pp
cresc.
dim.
8
(4 3 2)

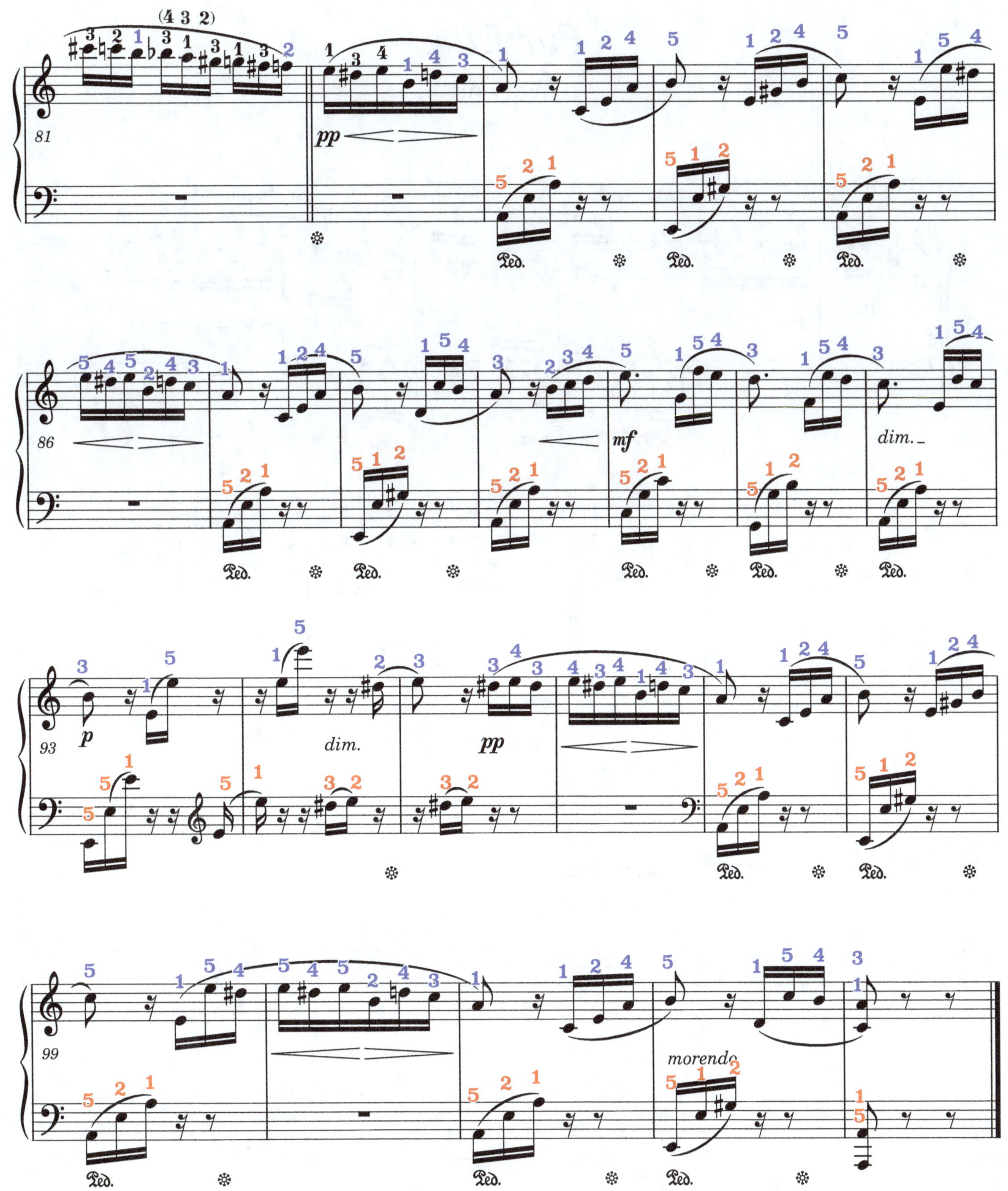
(4 3 2)
81
pp
Ped.
Ped.
Ped.
86
mf
dim.
Ped.
Ped.
Ped.
Ped.
Ped.
93
p
dim.
pp
Ped.
Ped.
99
morendo
Ped.
Ped.
Ped.

Für Elise

WoO 59

Ludwig van Beethoven
(1770–1827)

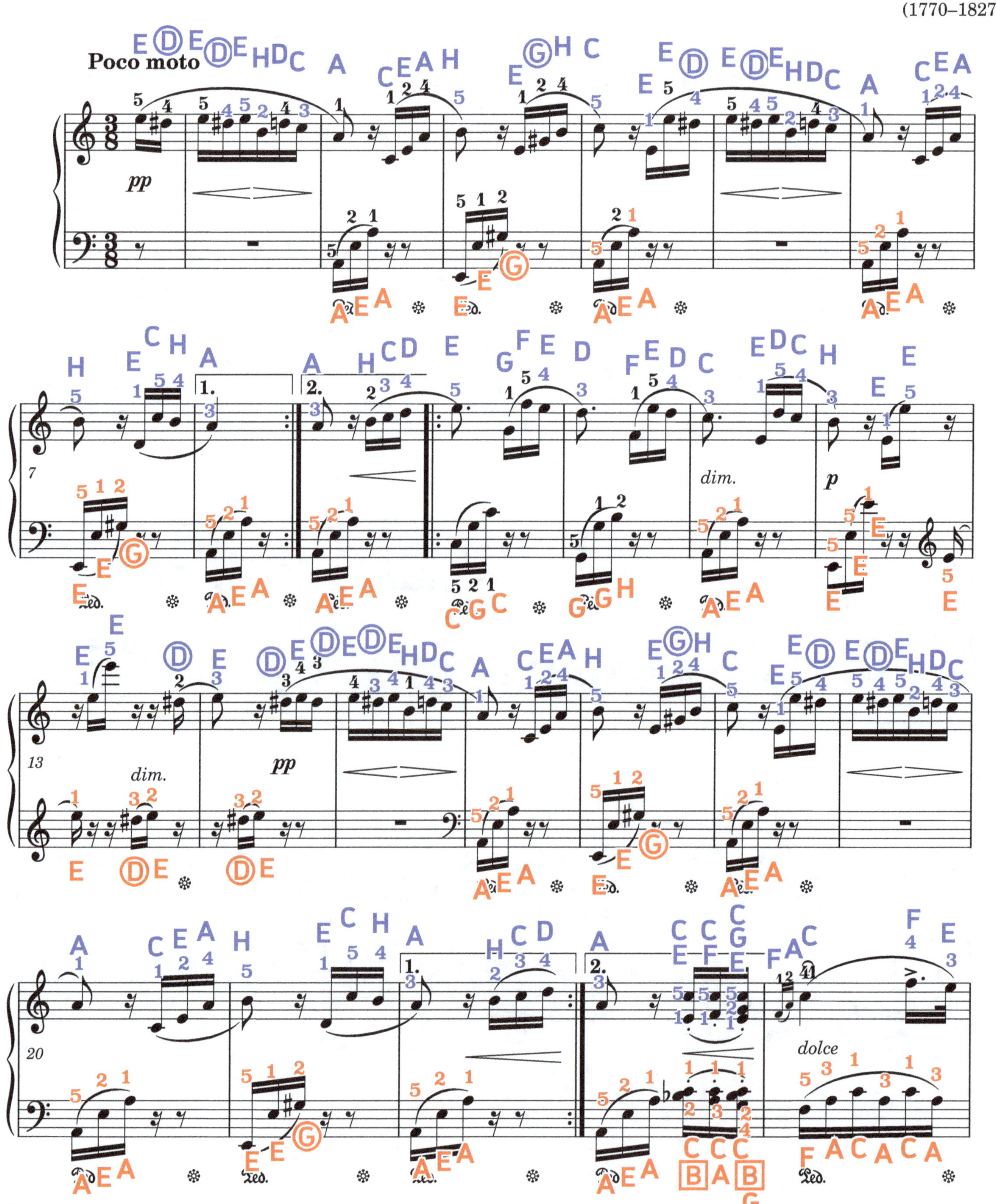

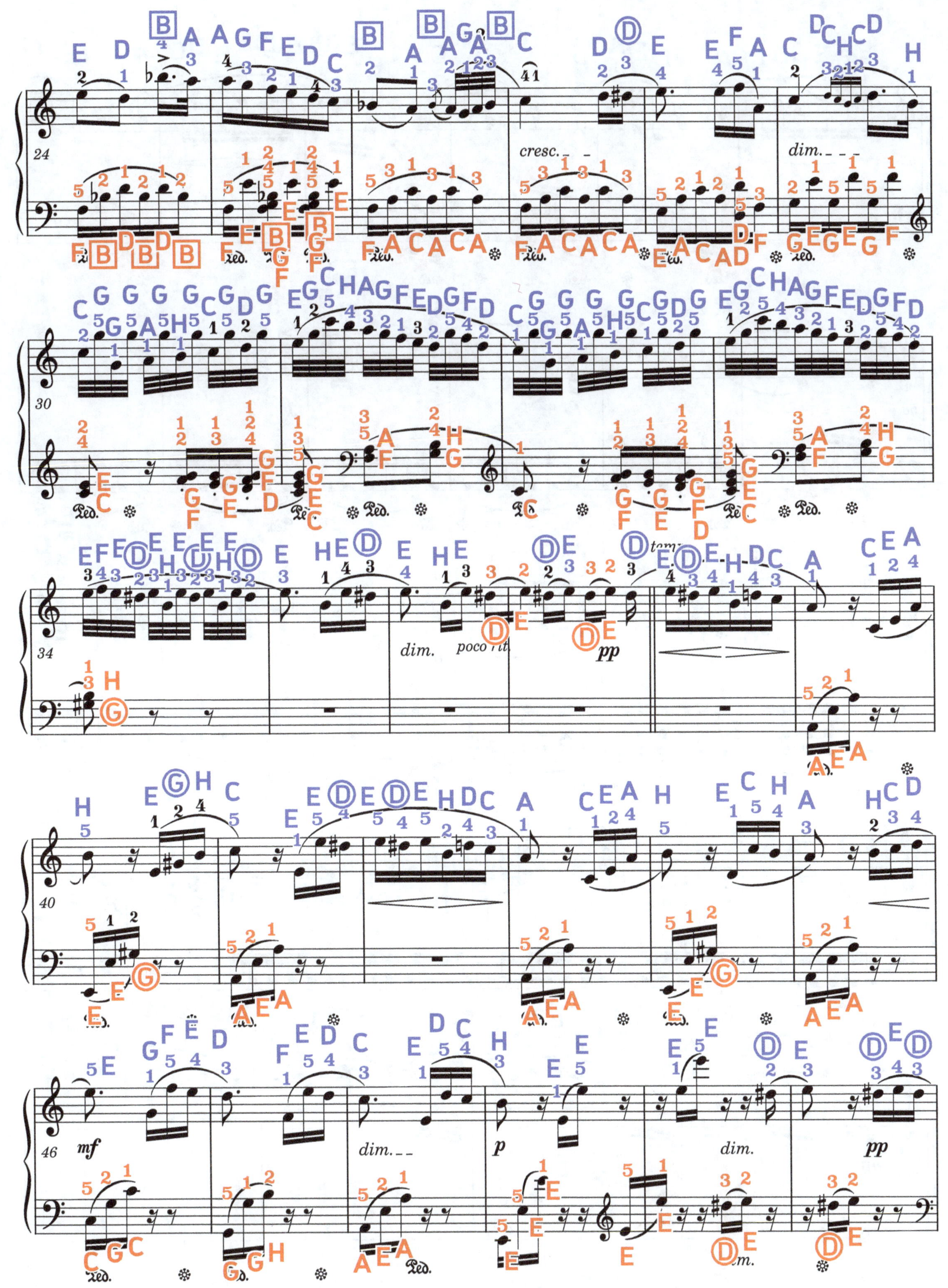

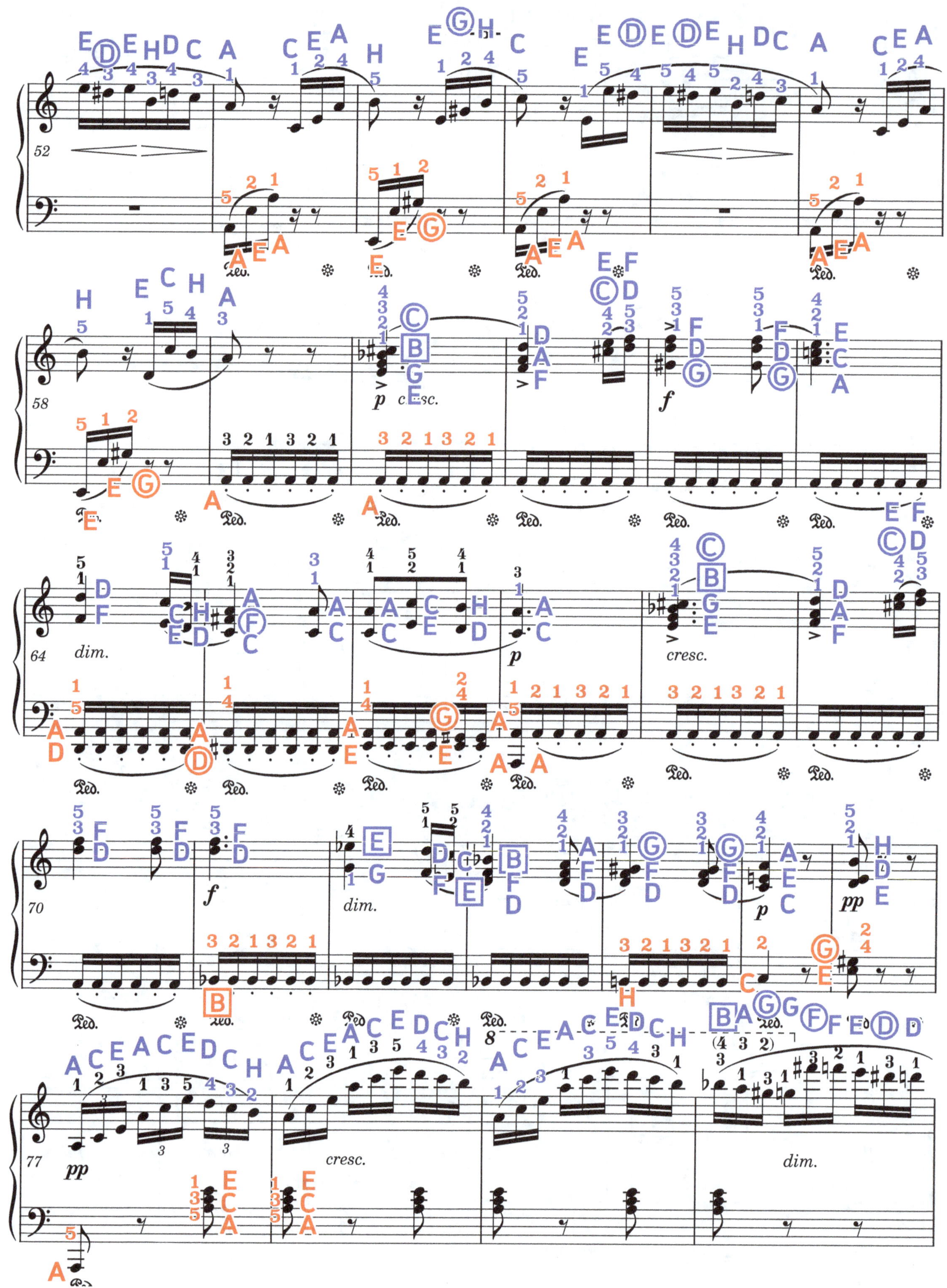

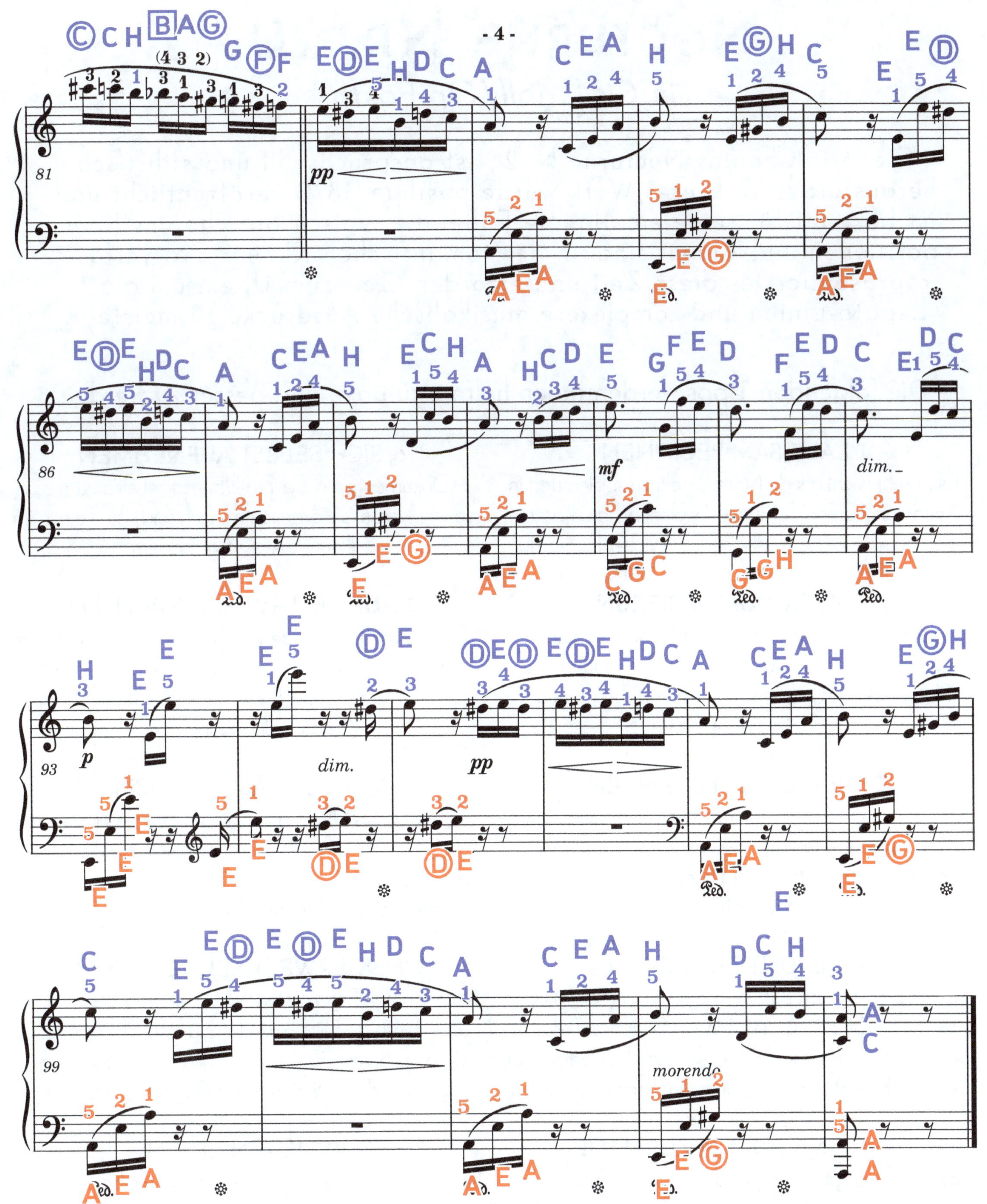
- 4 -
81
pp
86
mf
dim.
93
p
dim.
pp
99
morendo
37

NOCTURNE NR. 20

in Cis - Moll / Op. Posth

Frédéric Chopins Nocturne Nr.20 ist anspruchsvoll und stilistisch herausfordernd. Dieses Werk wurde posthum 1870 veröffentlicht und ist bekannt für seine emotionale Fülle, die typisch für Chopins Kompositionen und Anmut sind. In der romantischen Klavier Era verfasst repräsentiert es diese Zeit und erfordert Zeit zum Üben, um glatte Legato-Linien und komplexere musikalische Ausdrücke zu meistern.

Die folgenden Tipps werden Ihnen helfen, zu üben und besser zu werden.

1. LANGSAM BEGINNEN

Es ist sehr wichtig jede Note korrekt zu spielen und in einem langsamen Tempo zu beginnen. Somit bauen Sie das notwenige Muskelgedächtnis der Finger auf.

2. FINGER NUMMERIERUNG

Achten Sie besonders auf die Fingernummern. Denken Sie daran das die flüssige Bewegung und Platzierung der Finger und Hände wichtig sind um flüssig zu spielen.

3. NENNEN ODER SINGEN

Noten laut auszusprechen oder zu singen beim Üben kann Ihnen helfen die Position der Töne auf dem Klavier und im Notensystem besser im Gedächtnis zu behalten.

4. HERUNTERBRECHEN

Fokusieren Sie sich auf kleine Sektionen (Sätze) des lernenden Stückes und verbinden Sie kleine Teile zu dem ganzen. Das korrekte Spielen einzelner Sätze gibt Ihnen Sicherheit und Motivation um korrekt zu spielen.

5. GETRENNT DANN ZUSAMMEN

Es ist hilfreich an jeder Hand einzeln zu arbeiten um sich auf die spezifischen Schwierigkeiten zu konzentrieren. Wenn die Hänsde einzeln beherrscht und Sie sich bereit fühlen dann beginnen Sie mit beiden Händen zu spielen.

6. SICH SELBST AUFNEHMEN

Dokumentieren Sie ihre Übungseinheiten, um zu sehen, woran Sie arbeiten müssen und wie Sie sich im Laufe der Zeit verbessern.

7. AUF DEN RYTHMUS ACHTEN

Ein Metronom kann sehr hilfreich sein. Stellen Sie die Geschwindigkeit zunächst auf ein niedriges Niveau ein und mit der Gewöhnung an dies erhöhen Sie das Tempo dann langsam .

8. REGELMÄSSIGES ÜBEN

Konsequentes Üben ist wichtig und der Schlüssel zum Erfolg. Tägliche kurze Übungseinheiten sind besser als seltene lange. Es gilt das gelernte zu verarbeiten in der Pausezeit. Fortschritt und Festigung in der Spielzeit.

9. FINGERWECHSEL BEDENKEN

Komponisten fügen diese Nummern in den originalen Noten hinzu als Hilfe hinzu für glattere Übergänge ein flüssiges Spielen. Denken Sie daran schwierige Passagen durch Optimieren von Fingern zu erleichtern.

10. NOTEN LESEN

Üben Sie das Lesen der Originalpartitur. Bei Unsicherheiten greifen Sie auf die Hilfsversionen zurück. Noten lesen hilft Ihnen, ein besserer Musiker zu werden, mehr Lieder zu lernen und das Anfängerniveau zu überwinden.

Nocturne Nr.20

in Cis-Moll / Op.Posth

Frédéric Chopin

Lento con gran espressione

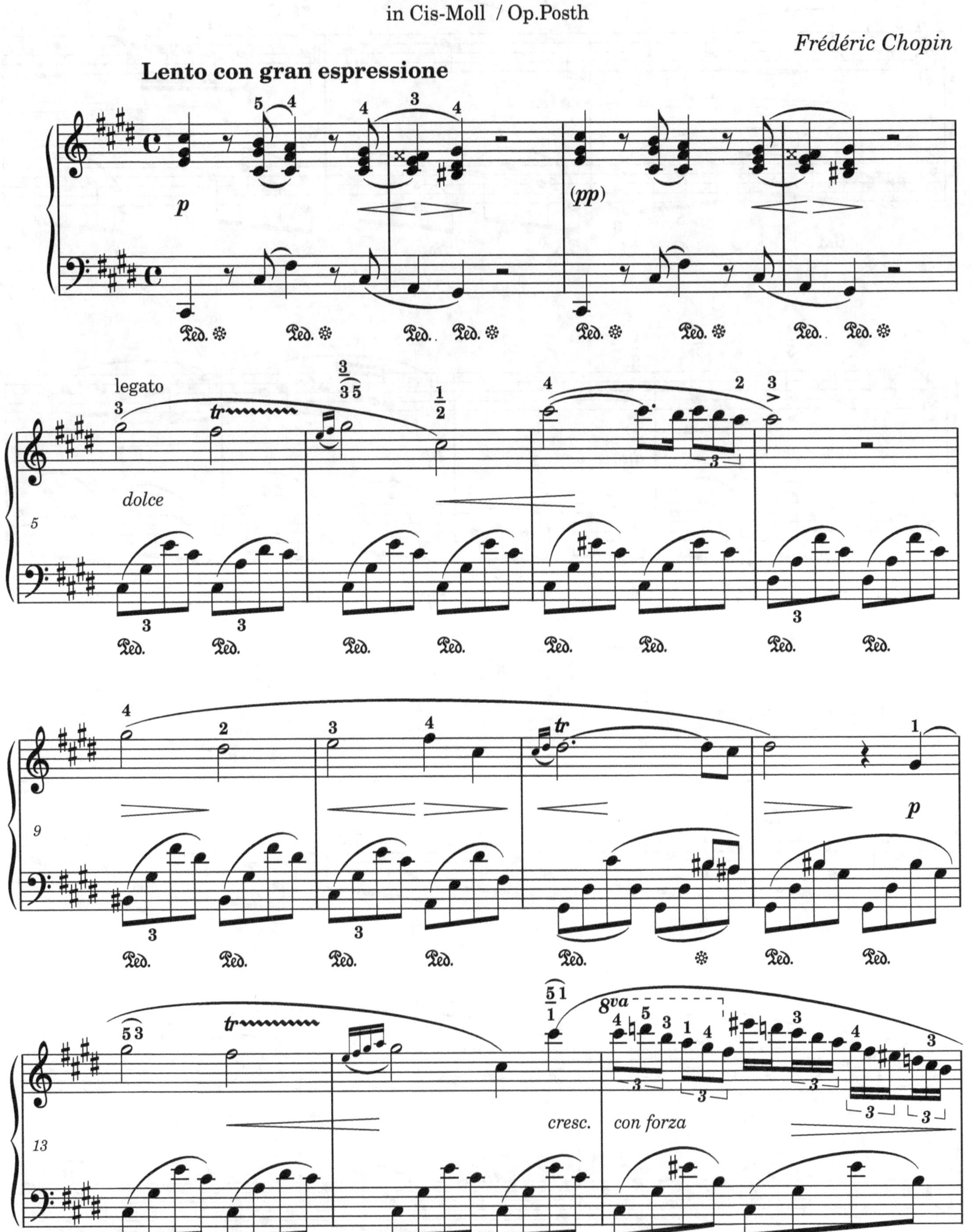

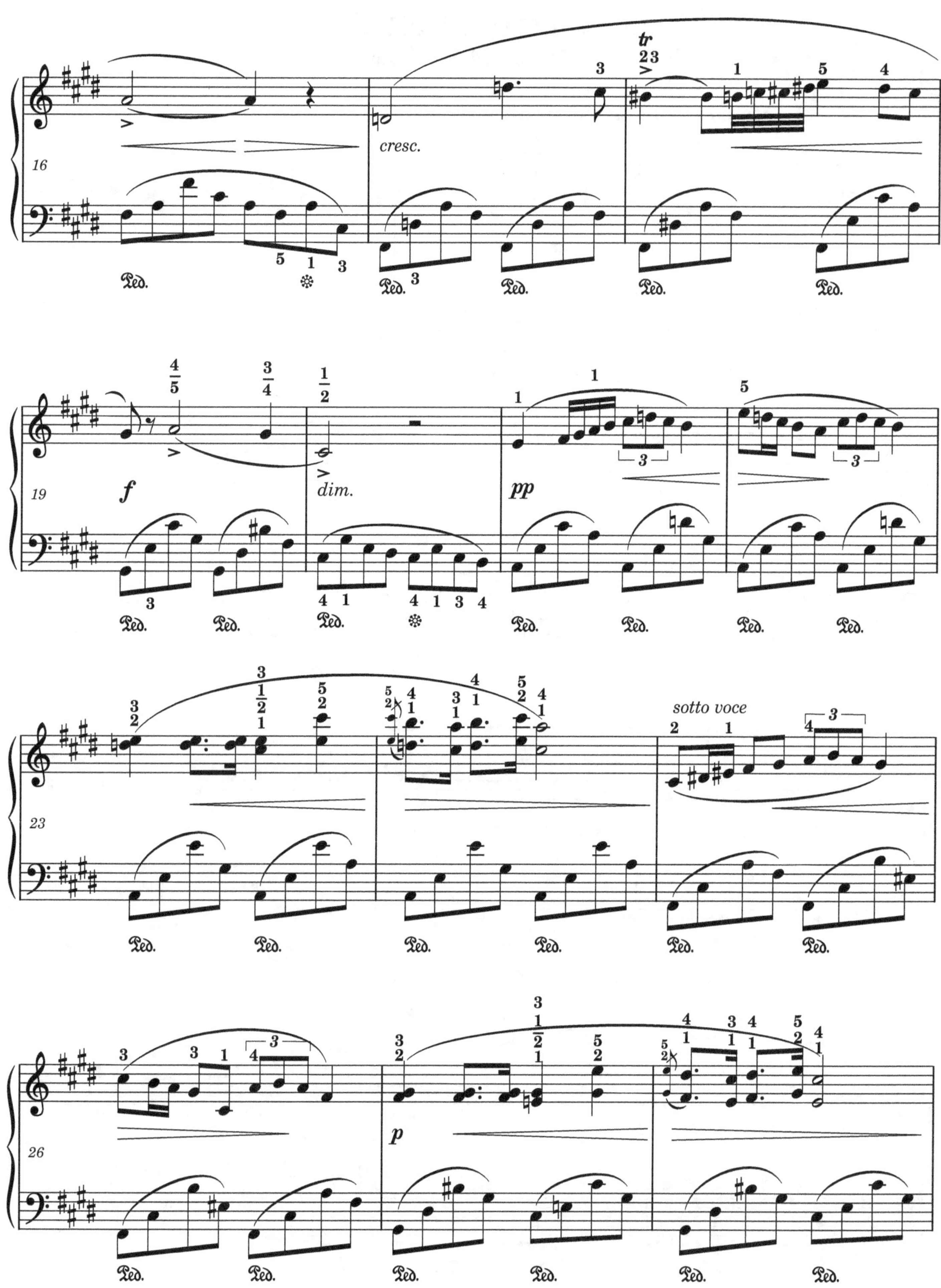
16
cresc.
tr
Ped. Ped. Ped. Ped. Ped.
19
f
dim.
pp
Ped. Ped. Ped. Ped. Ped. Ped. Ped.
23
sotto voce
Ped. Ped. Ped. Ped. Ped. Ped.
26
p
Ped. Ped. Ped. Ped. Ped. Ped.

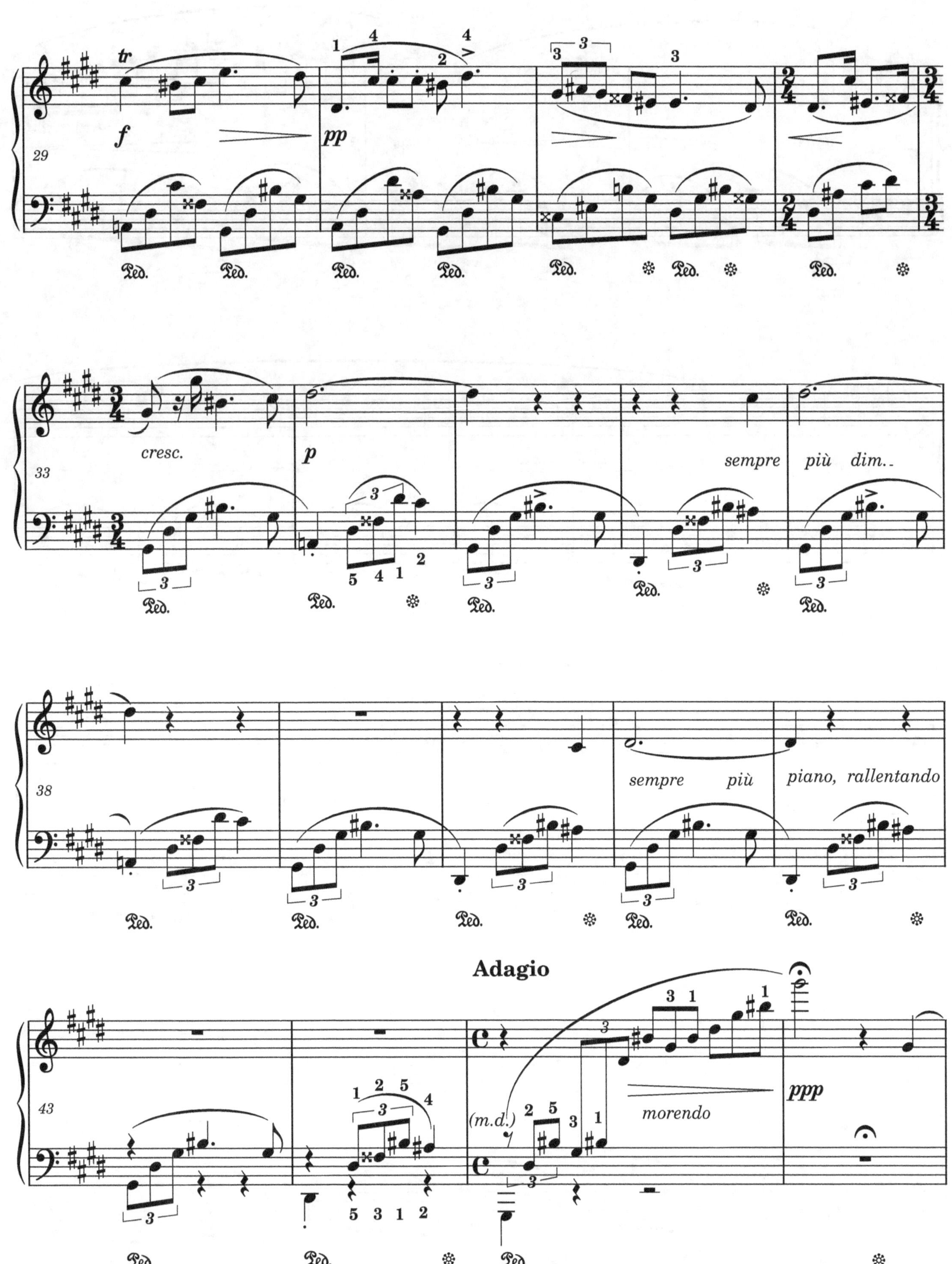
tr
f
pp
cresc.
p
sempre più dim..
sempre più
piano, rallentando
Adagio
(m.d.)
morendo
ppp
Ped.

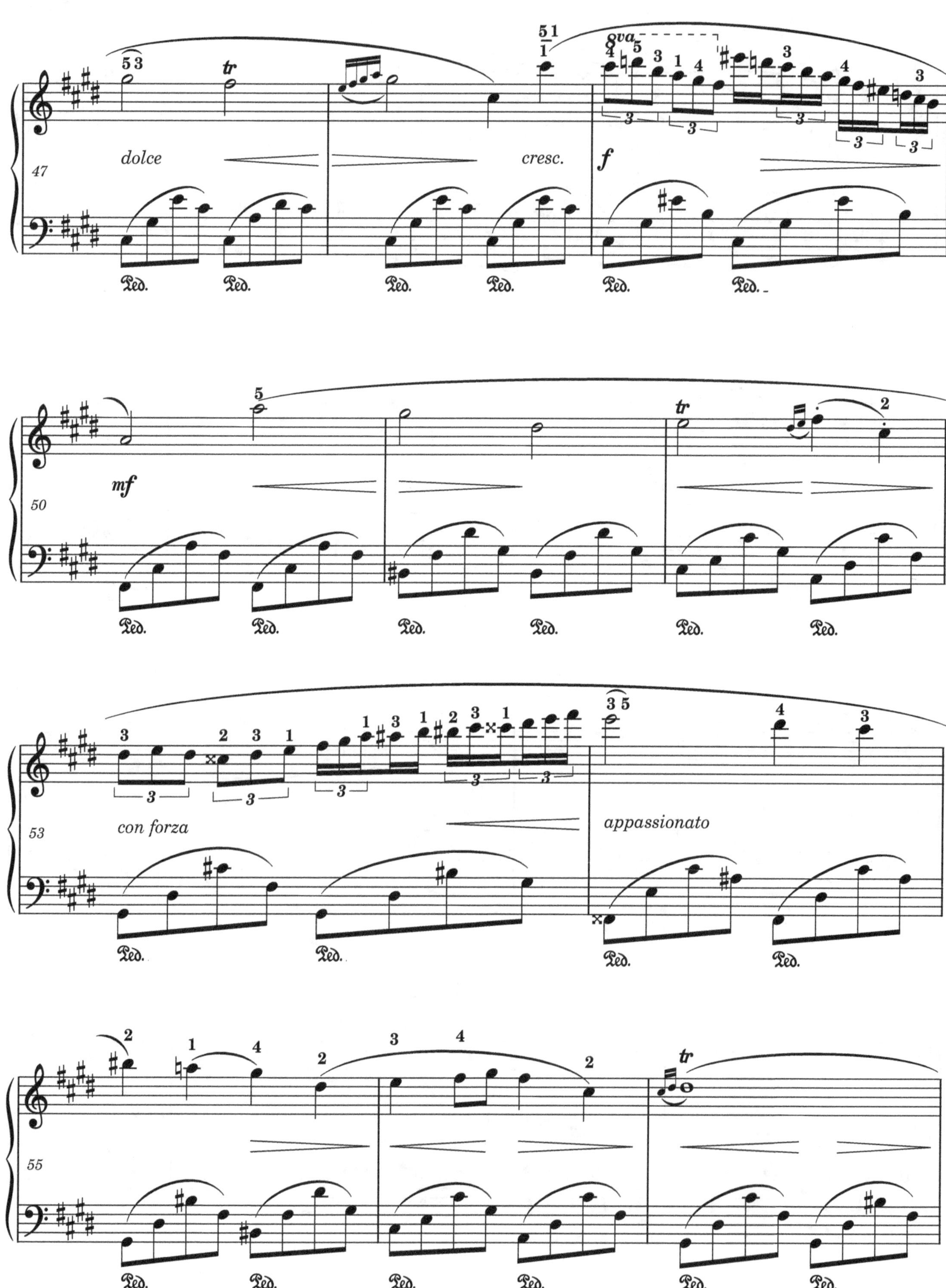
47
dolce
cresc.
f
8va
50
mf
tr
53
con forza
appassionato
55
tr

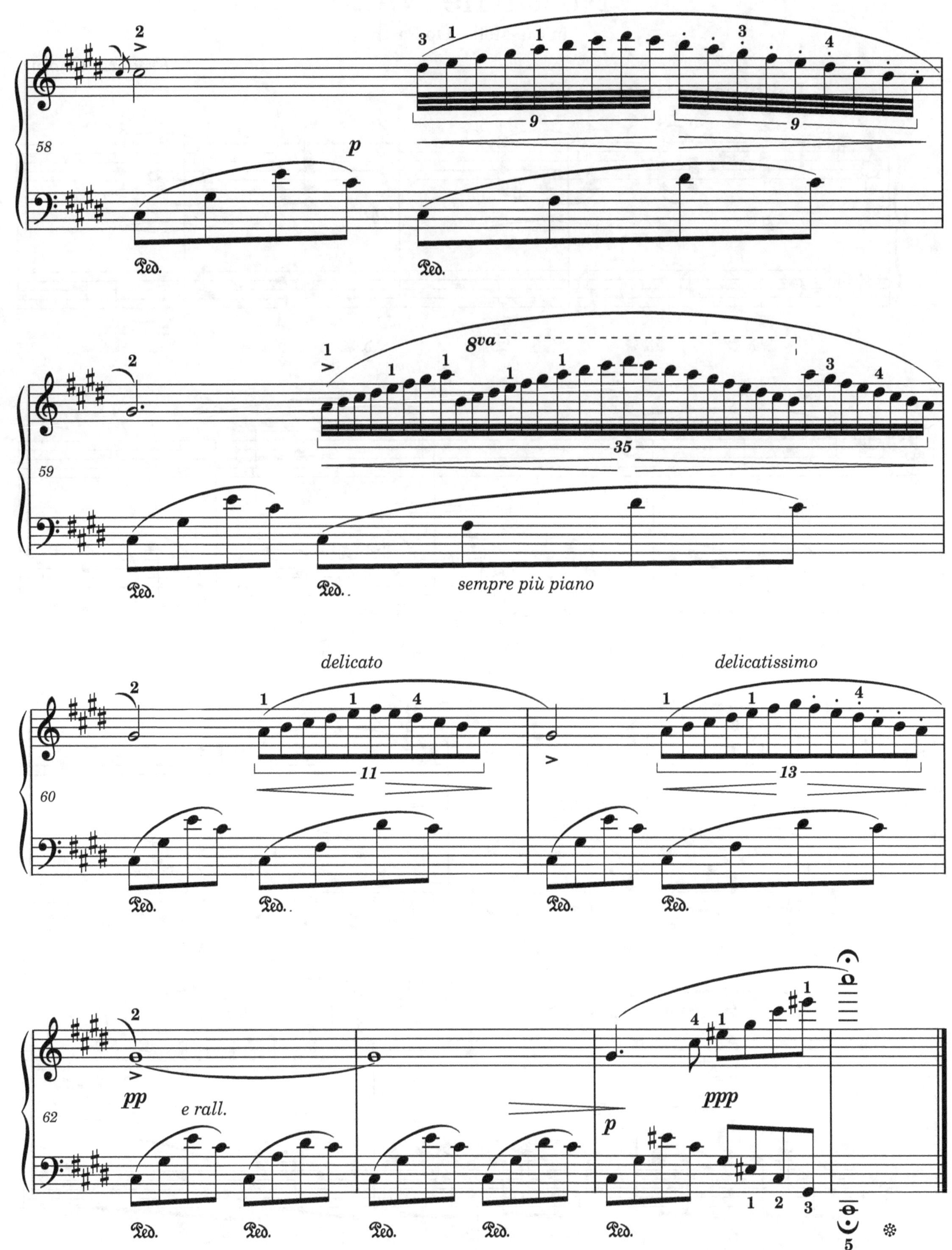

p
sempre più piano
delicato
delicatissimo
pp
e rall.
p
ppp

Nocturne Nr.20

in Cis-Moll / Op.Posth

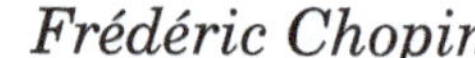

Frédéric Chopin

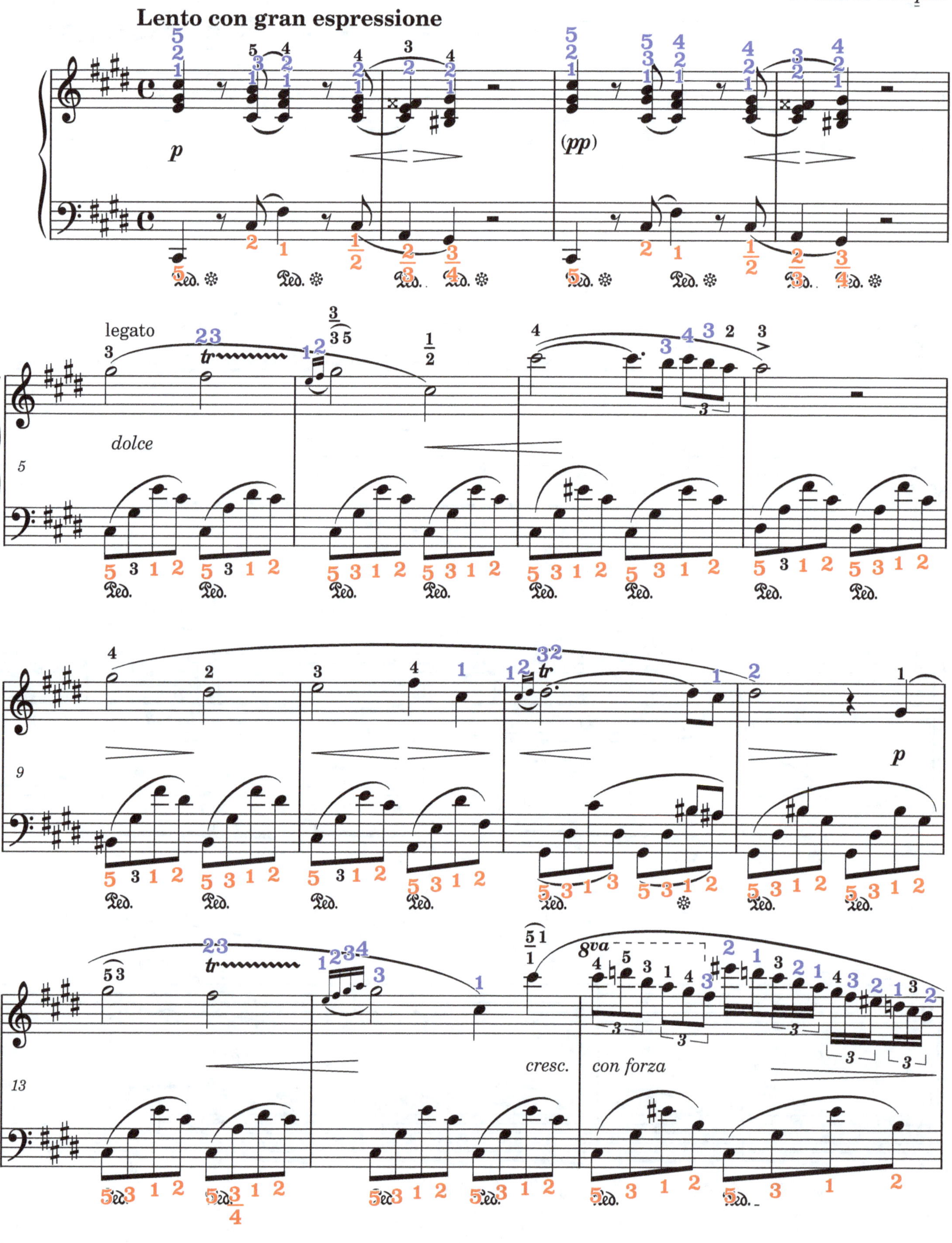

Lento con gran espressione

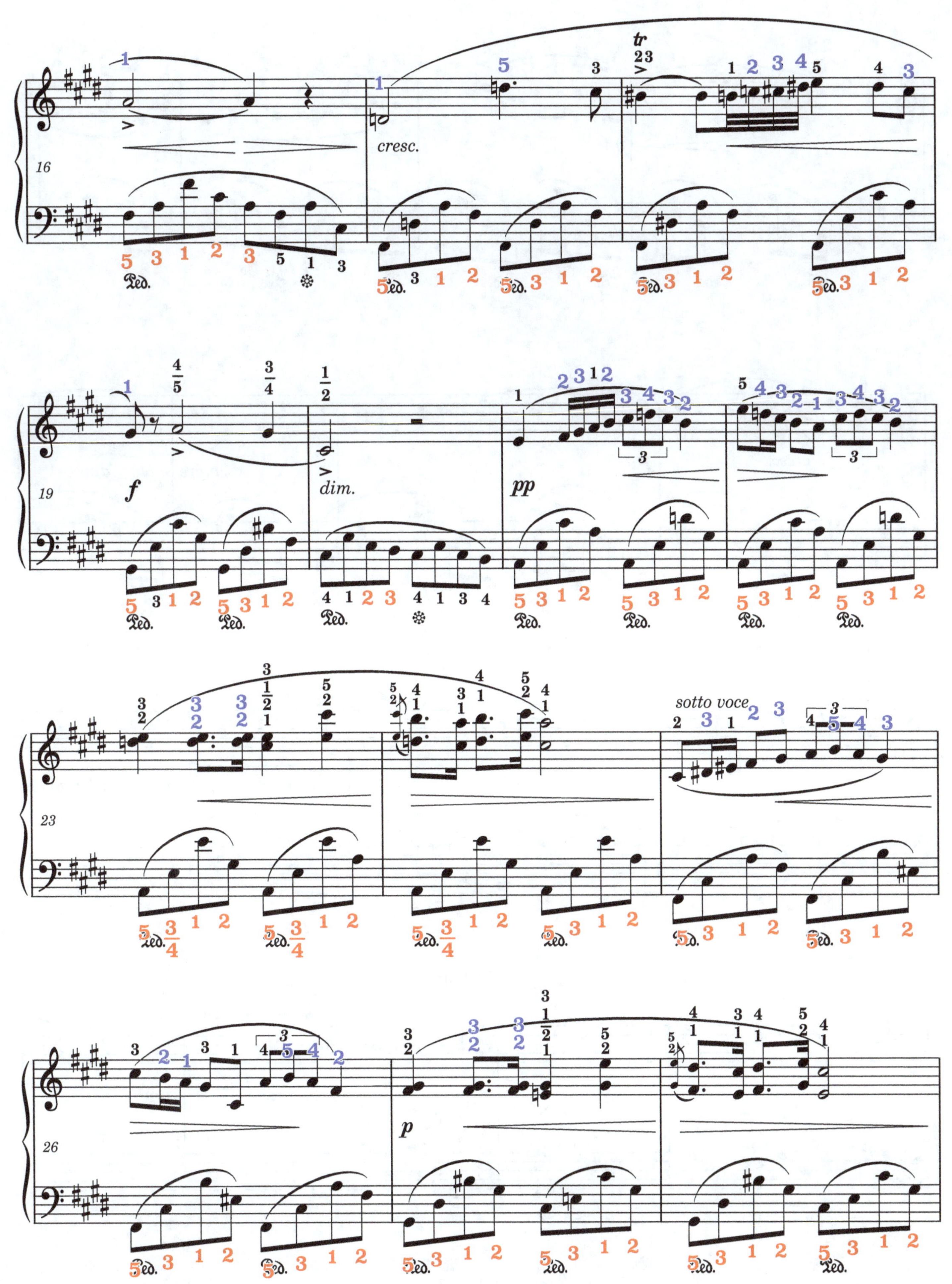
cresc.
f
dim.
pp
sotto voce
p
16
19
23
26
Ped.
tr

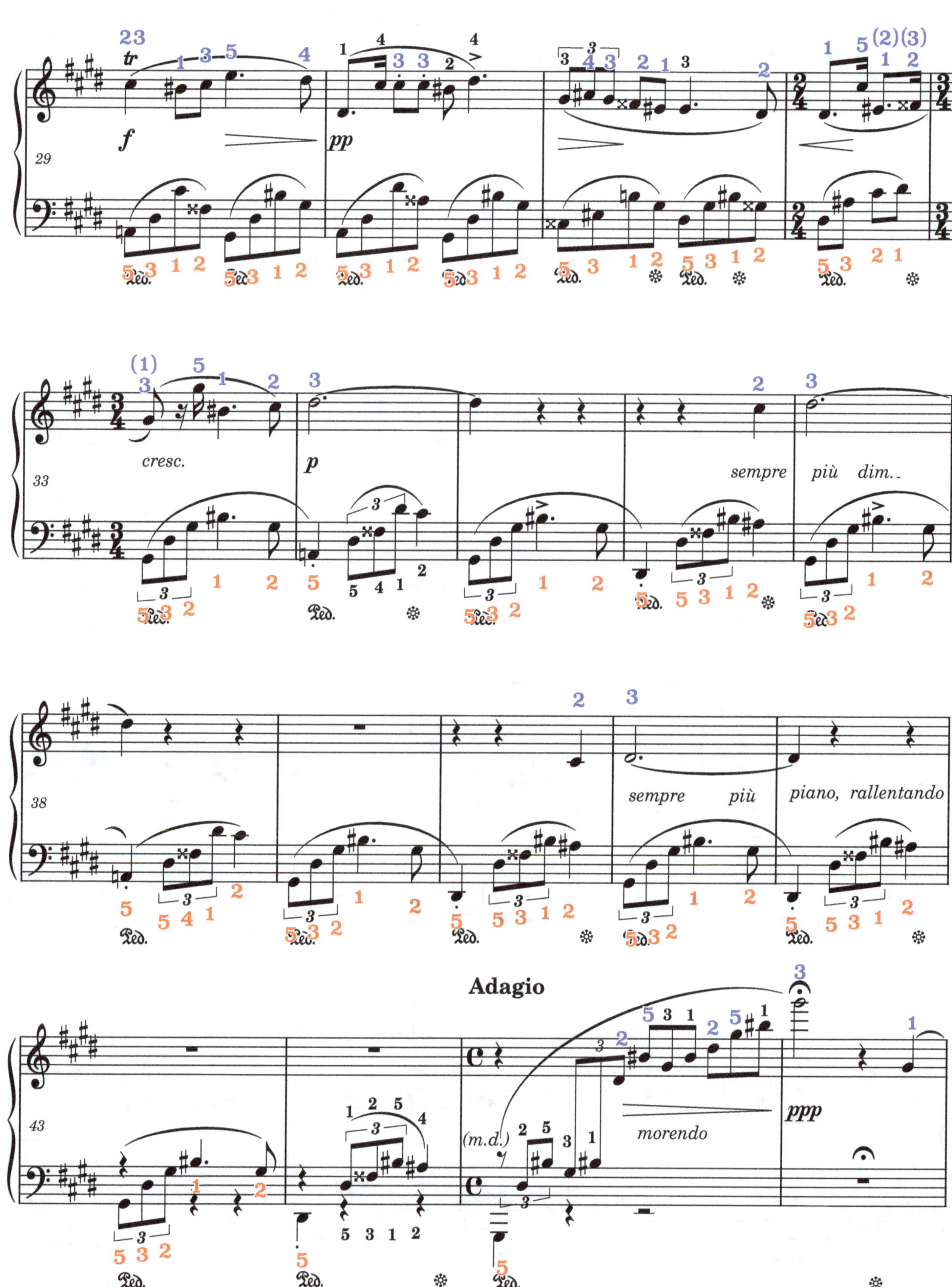

tr
f
pp
cresc.
p
sempre più dim.
sempre più piano, rallentando
Adagio
morendo
ppp
(m.d.)
Ped.

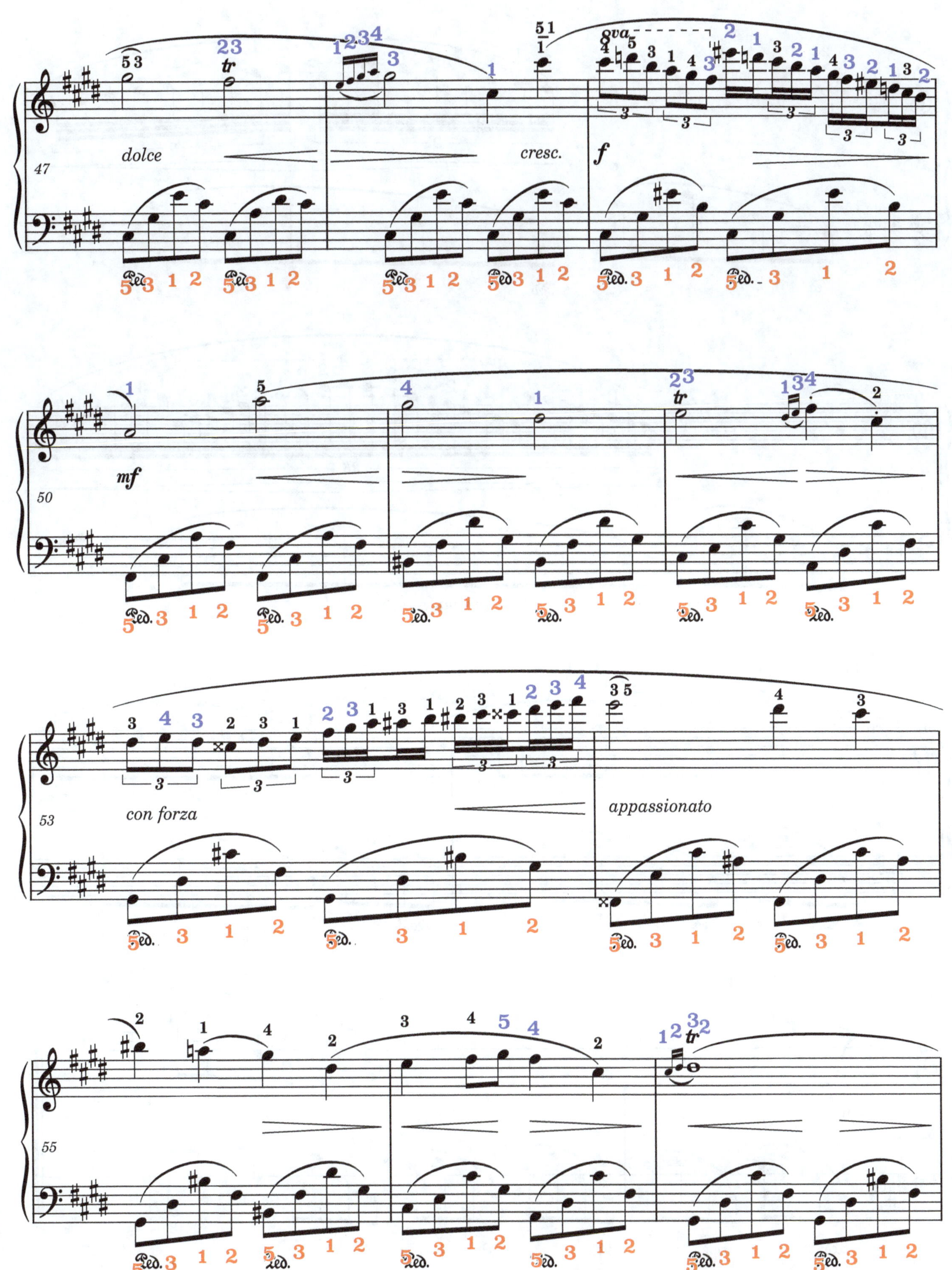
- 4 -
47
dolce
cresc.
f
tr
ova
50
mf
tr
53
con forza
appassionato
tr
55
tr
47

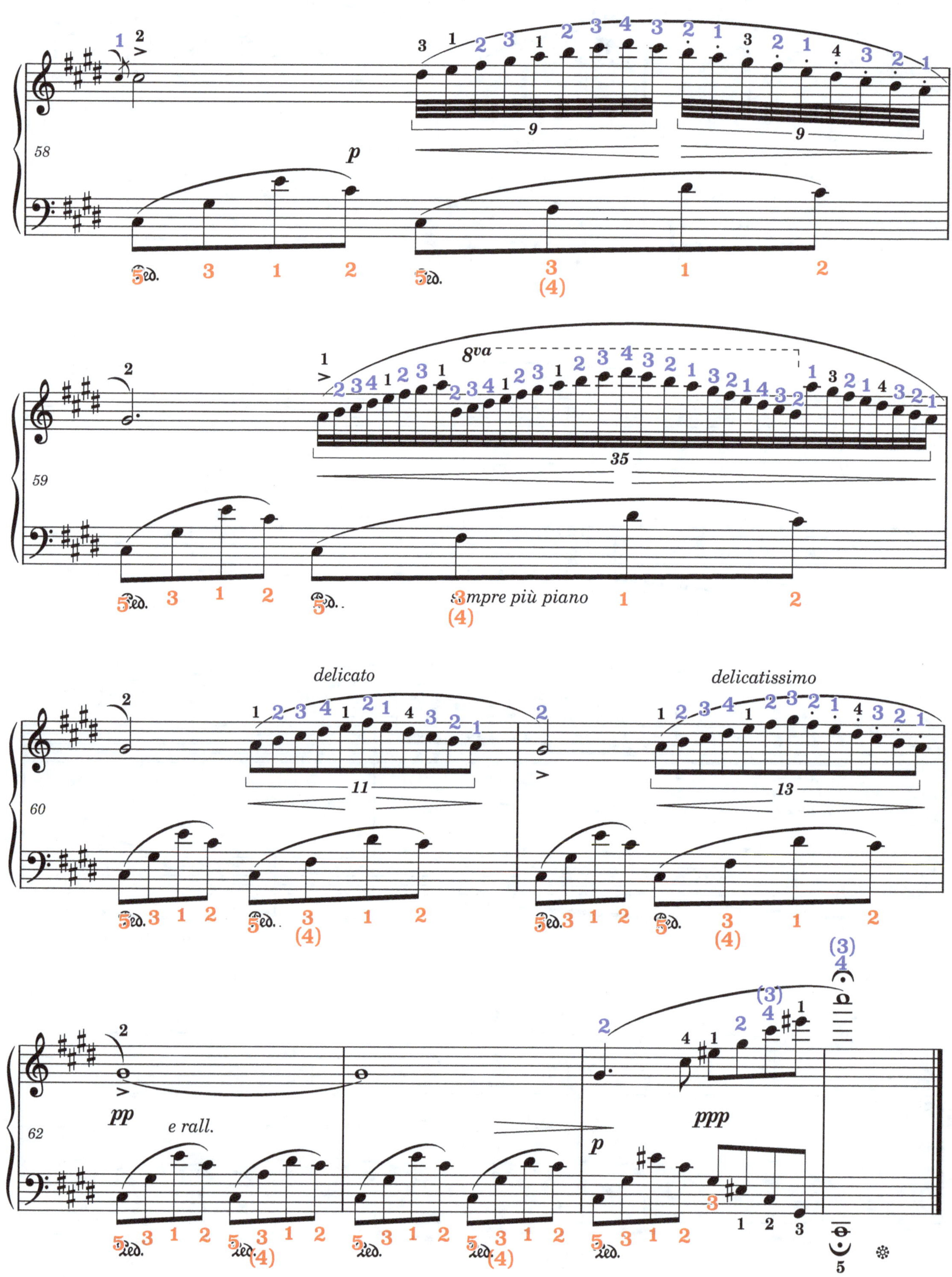
p
58
delicato
delicatissimo
8va
sempre più piano
pp
e rall.
p
ppp

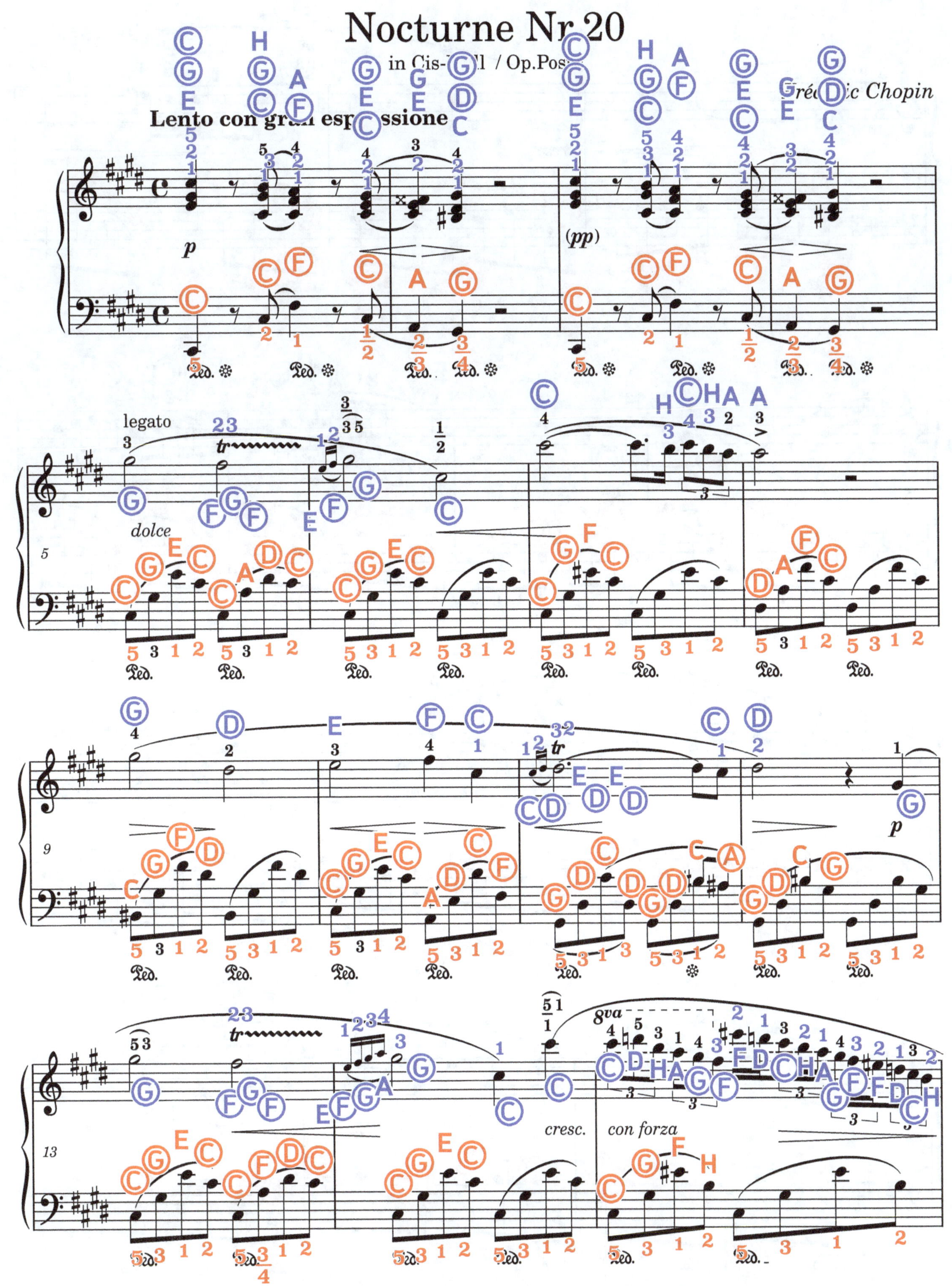

Nocturne Nr. 20
in Cis-Moll / Op.Post.
Frédéric Chopin
Lento con gran espressione
p
(pp)
Ped. * Ped. * Ped. Ped. * Ped. * Ped. * Ped. Ped. *
legato
dolce
Ped. Ped. Ped. Ped. Ped. Ped. Ped. Ped.
Ped. Ped. Ped. Ped. Ped. Ped. Ped. Ped.
8va
cresc. con forza
Ped. Ped. Ped. Ped. Ped. Ped.
49

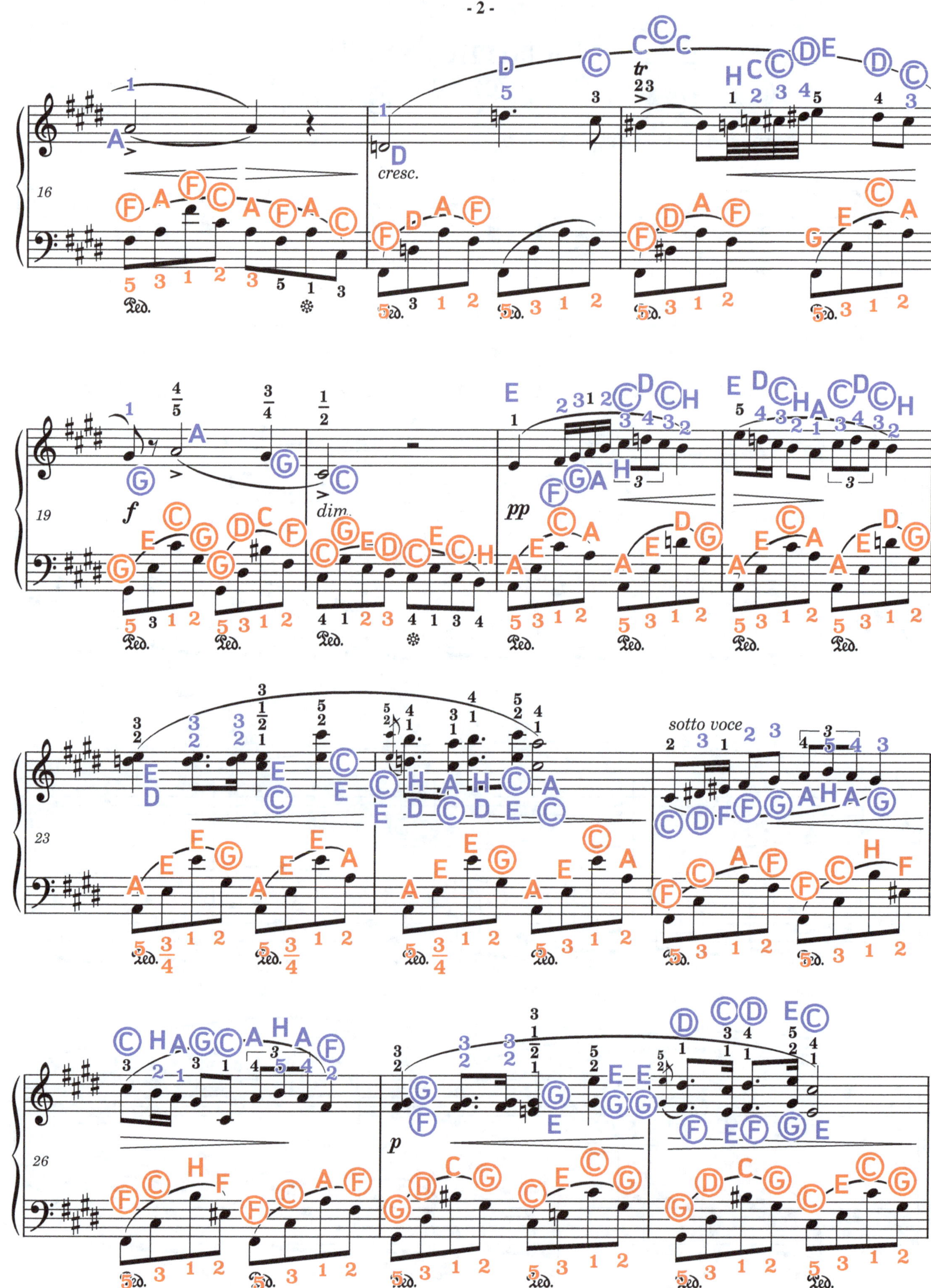
16
cresc.
Ped.
19
f
dim.
pp
Ped.
23
sotto voce
Ped.
26
p
Ped.

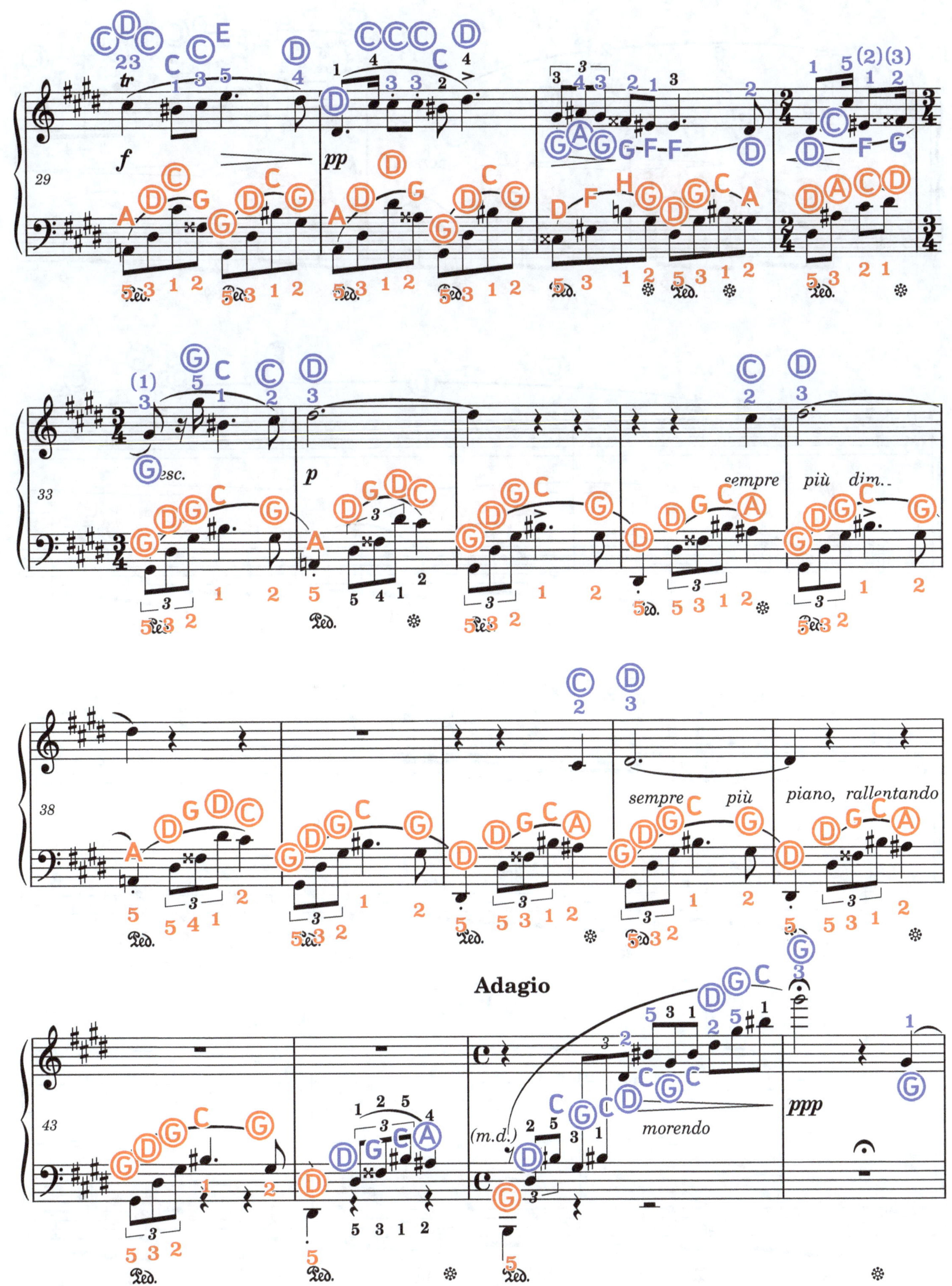

- 3 -
Adagio
morendo
sempre più dim..
sempre più piano, rallentando
(m.d.)
51

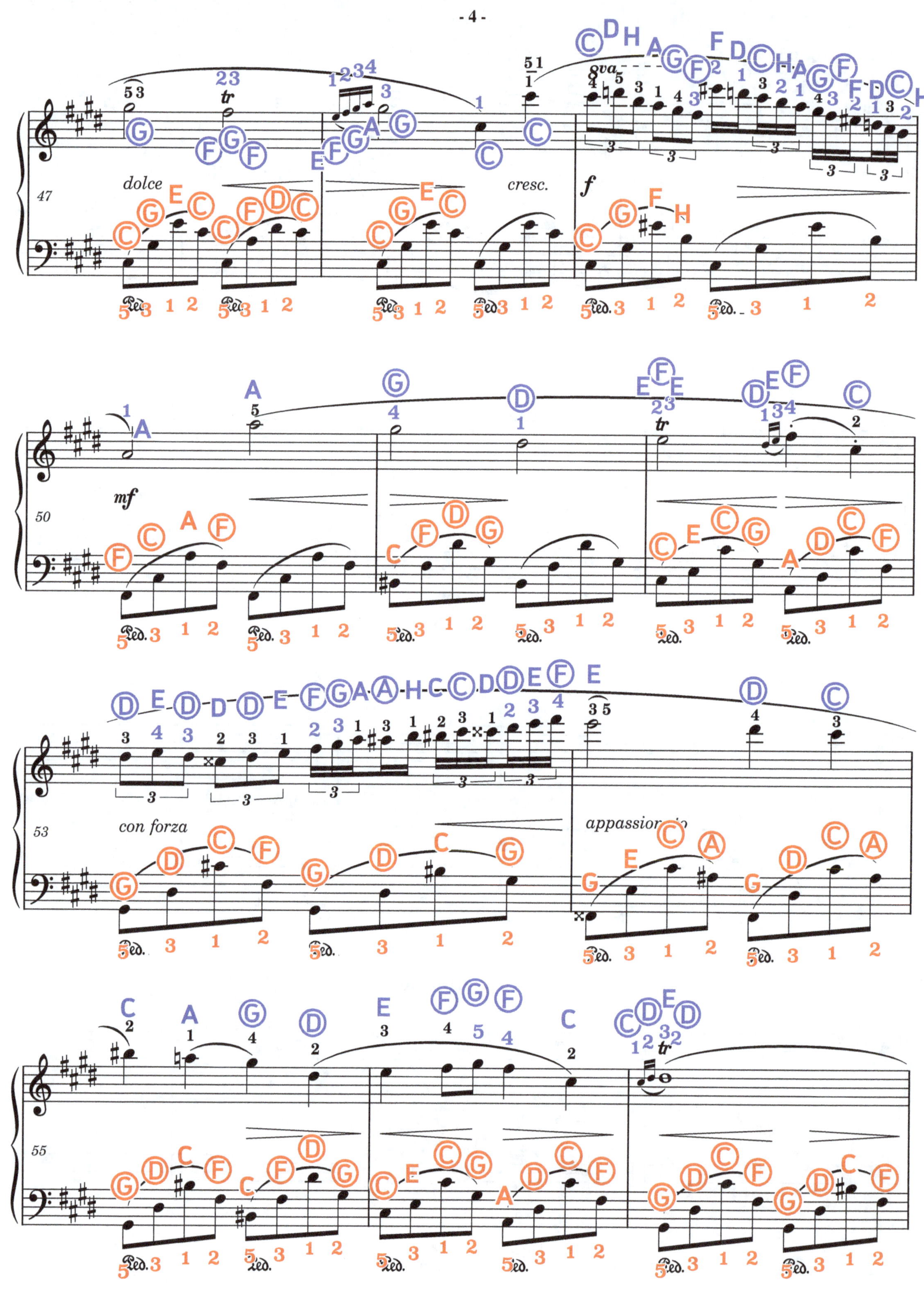
47
dolce
cresc.
f
50
mf
53
con forza
appassionato
55

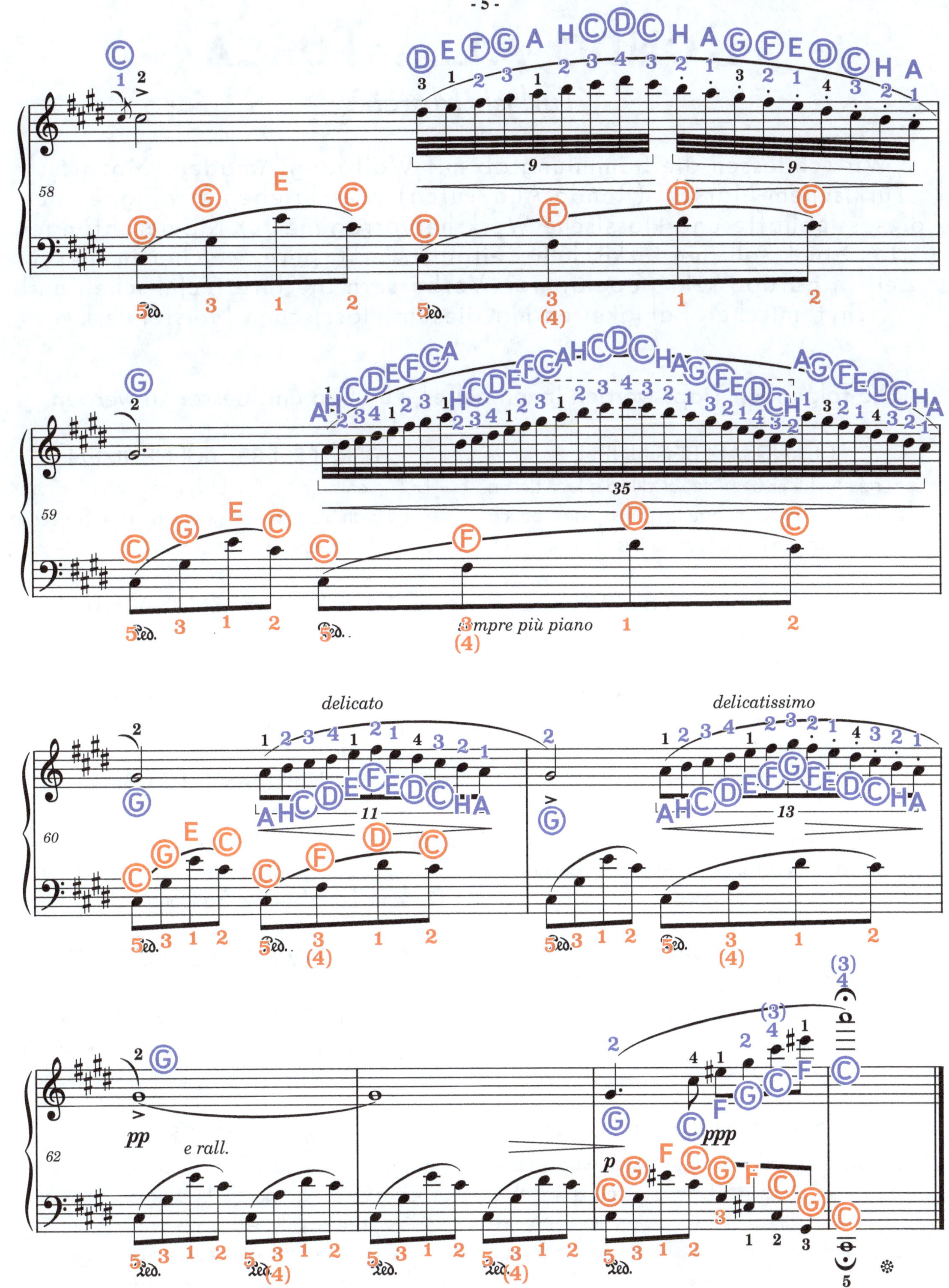
- 5 -
delicato
delicatissimo
sempre più piano
pp
e rall.
ppp
p
53

RONDO ALLA TURCA
"Turkish March"

Wir schliessen die Sammlung ab mit Wolfgang Amadeus Mozarts „Türkischem Marsch" (Rondo Alla Turca). Geschrieben etw eignet sich dieses lebhafte und klassische Werk hervorragend für Klavieranfänger. Das Stück soll den türkischen Zeitgeist verkörpern, welcher in dieser Zeit in Europa sehr populär war. Verbessern Sie Ihre technischen und rhythmischen Fähigkeiten mit diesem klassischen Meisterwerk.

Die folgenden Tipps werden Ihnen helfen, zu üben und besser zu werden.

1. LANGSAM BEGINNEN

Es ist sehr wichtig jede Note korrekt zu spielen und in einem langsamen Tempo zu beginnen. Somit bauen Sie das notwenige Muskelgedächtnis der Finger auf.

2. FINGER NUMMERIERUNG

Achten Sie besonders auf die Fingernummern. Denken Sie daran das die flüssige Bewegung und Platzierung der Finger und Hände wichtig sind um flüssig zu spielen.

3. NENNEN ODER SINGEN

Noten laut auszusprechen oder zu singen beim Üben kann Ihnen helfen die Position der Töne auf dem Klavier und im Notensystem besser im Gedächtnis zu behalten.

4. HERUNTERBRECHEN

Fokusieren Sie sich auf kleine Sektionen (Sätze) des lernenden Stückes und verbinden Sie kleine Teile zu dem ganzen. Das korrekte Spielen einzelner Sätze gibt Ihnen Sicherheit und Motivation um korrekt zu spielen.

5. GETRENNT DANN ZUSAMMEN

Es ist hilfreich an jeder Hand einzeln zu arbeiten um sich auf die spezifischen Schwierigkeiten zu konzentrieren. Wenn die Hänsde einzeln beherrscht und Sie sich bereit fühlen dann beginnen Sie mit beiden Händen zu spielen.

6. SICH SELBST AUFNEHMEN

Dokumentieren Sie ihre Übungseinheiten, um zu sehen, woran Sie arbeiten müssen und wie Sie sich im Laufe der Zeit verbessern.

7. AUF DEN RYTHMUS ACHTEN

Ein Metronom kann sehr hilfreich sein. Stellen Sie die Geschwindigkeit zunächst auf ein niedriges Niveau ein und mit der Gewöhnung an dies erhöhen Sie das Tempo dann langsam .

8. REGELMÄSSIGES ÜBEN

Konsequentes Üben ist wichtig und der Schlüssel zum Erfolg. Tägliche kurze Übungseinheiten sind besser als seltene lange. Es gilt das gelernte zu verarbeiten in der Pausezeit. Fortschritt und Festigung in der Spielzeit.

9. FINGERWECHSEL BEDENKEN

Komponisten fügen diese Nummern in den originalen Noten hinzu als Hilfe hinzu für glattere Übergänge ein flüssiges Spielen. Denken Sie daran schwierige Passagen durch Optimieren von Fingern zu erleichtern.

10. NOTEN LESEN

Üben Sie das Lesen der Originalpartitur. Bei Unsicherheiten greifen Sie auf die Hilfsversionen zurück. Noten lesen hilft Ihnen, ein besserer Musiker zu werden, mehr Lieder zu lernen und das Anfängerniveau zu überwinden.

Rondo Alla Turca
"Türkischer Marsch"

Sonate K.331 (3° Mvt)

Wolfgang Amadeus Mozart

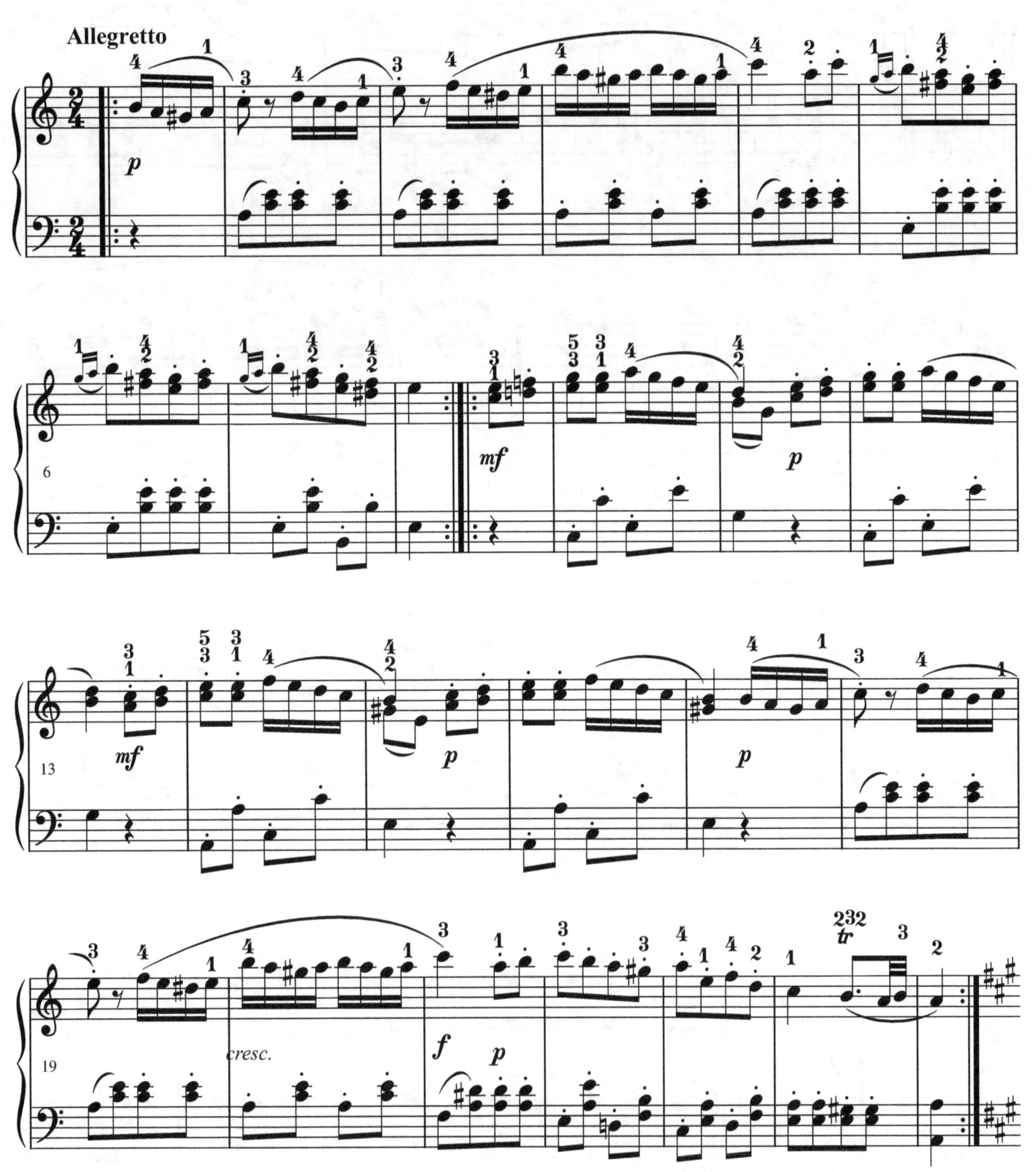

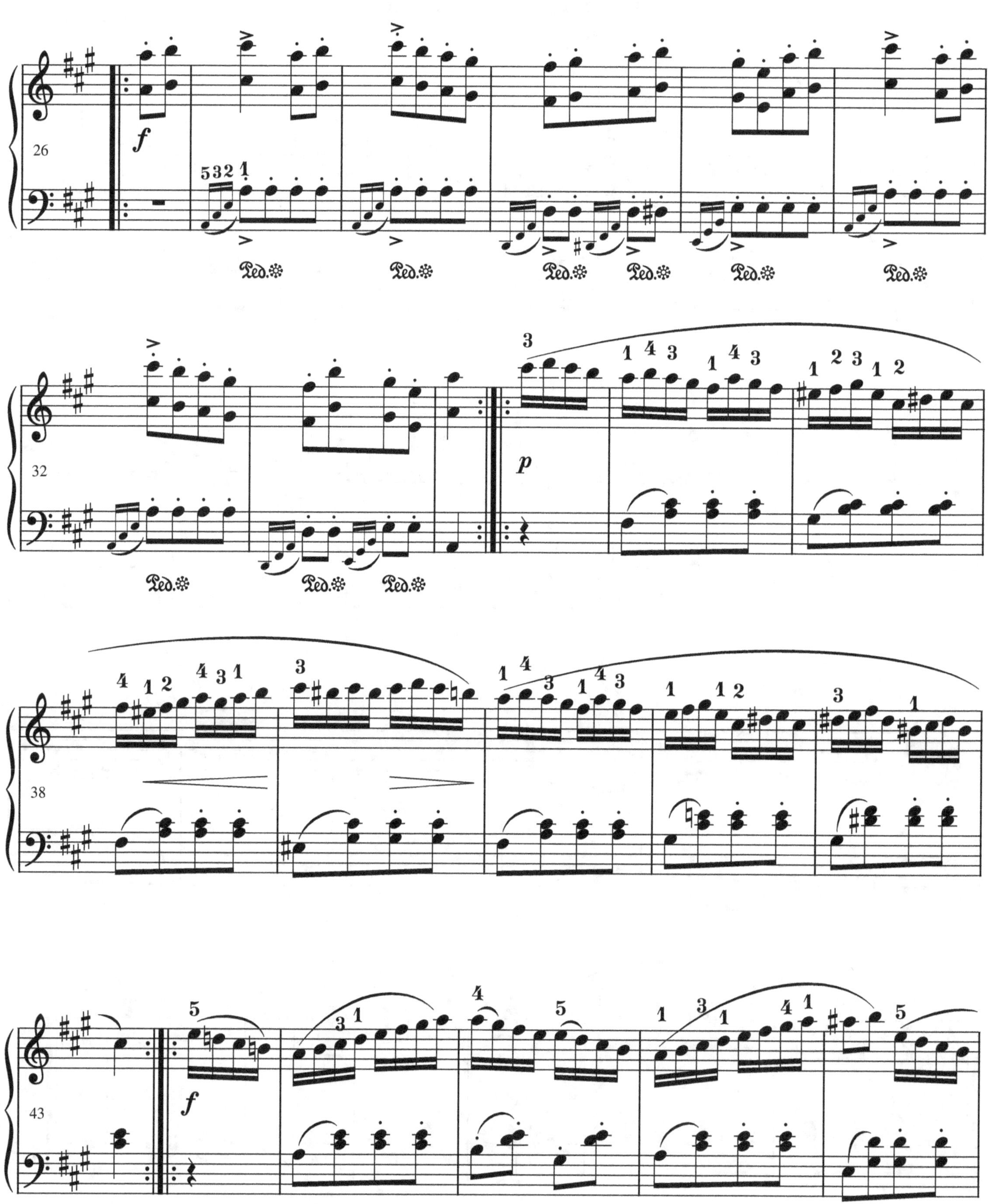

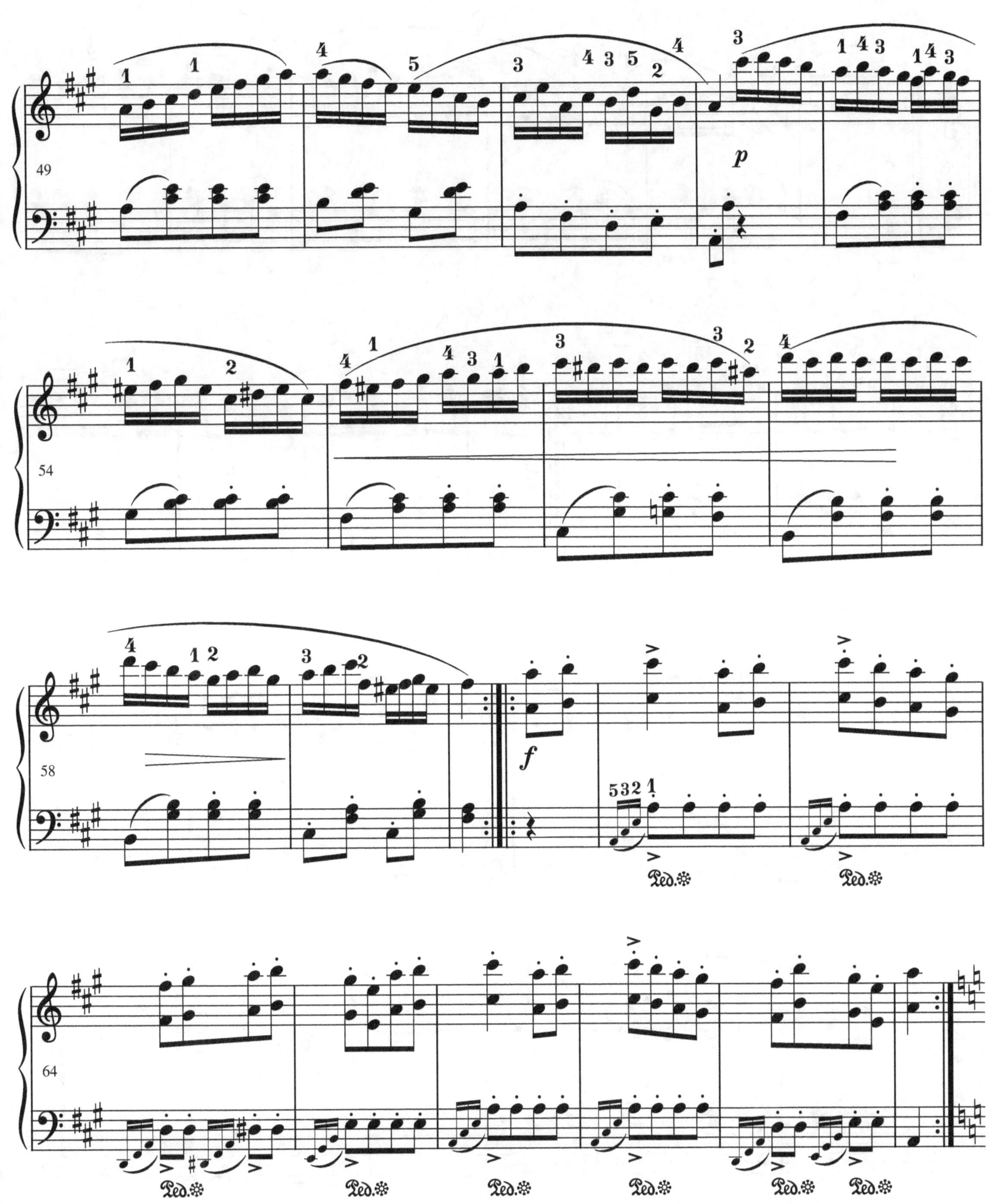

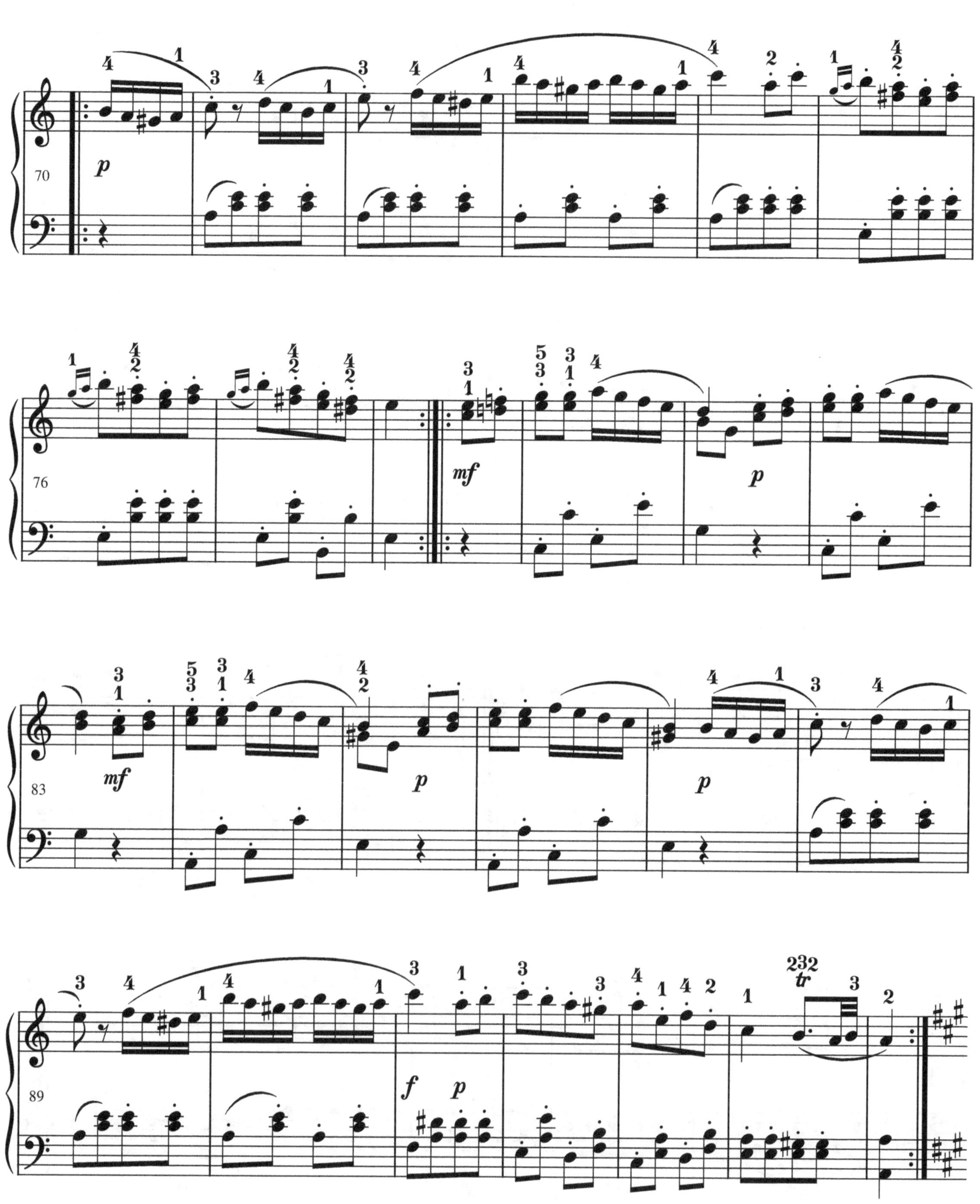

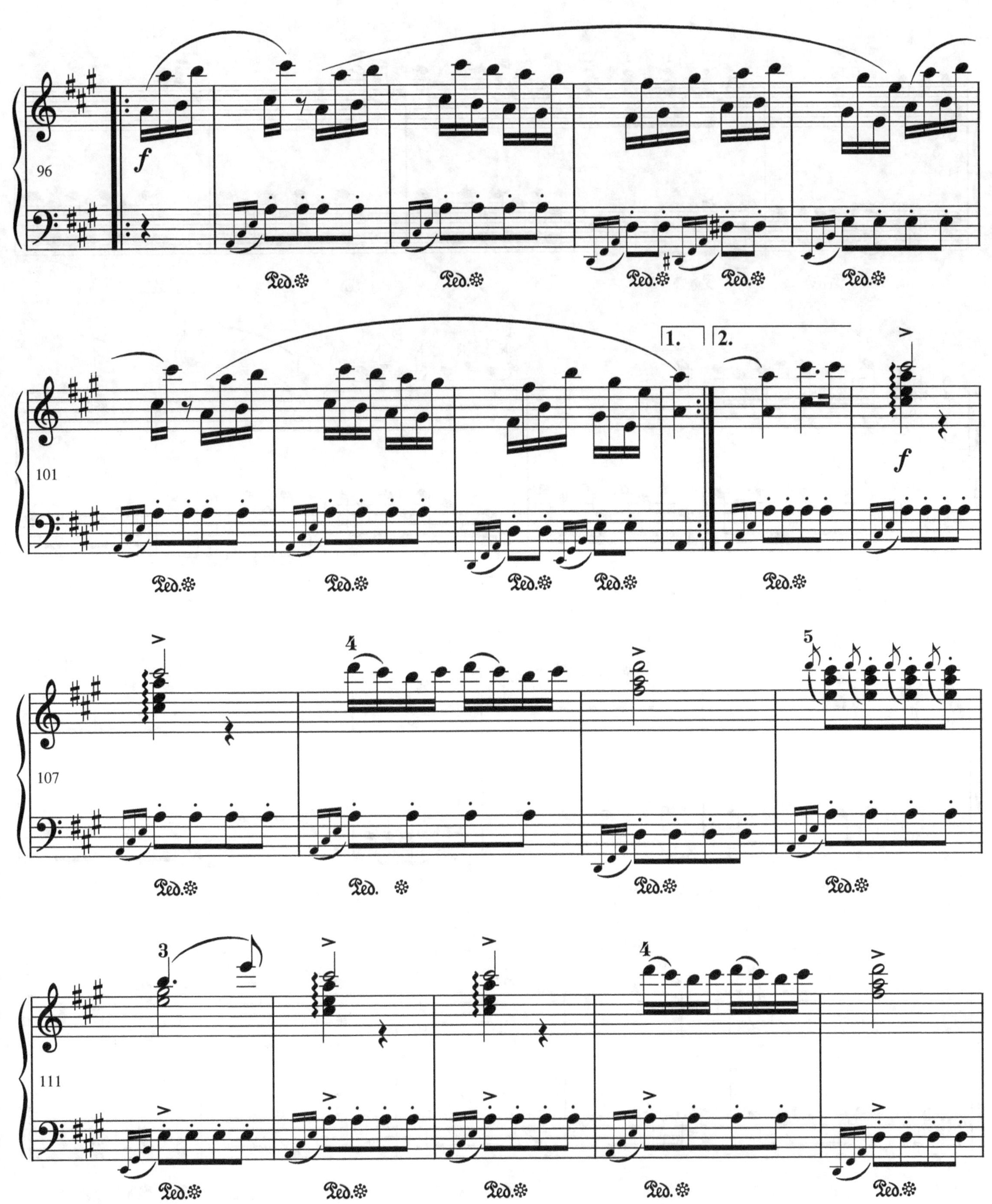
96
f
Ped. Ped. Ped. Ped. Ped.
101
1.
2.
f
Ped. Ped. Ped. Ped. Ped.
107
4
5
Ped. Ped. Ped. Ped.
111
3
4
Ped. Ped. Ped. Ped. Ped.

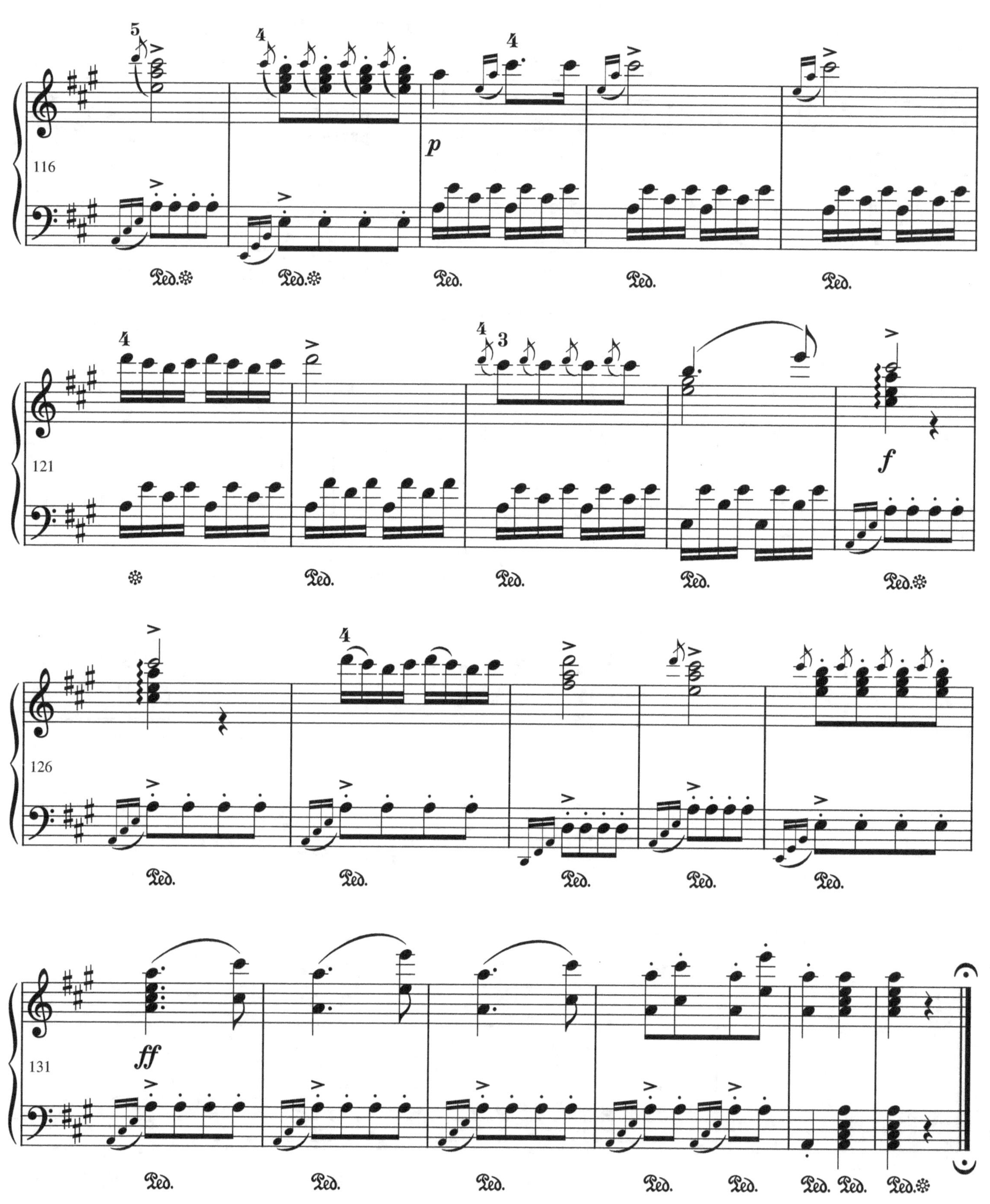
116
p
121
f
126
131
ff
Ped. Ped. Ped. Ped. Ped.
Ped. Ped. Ped. Ped. Ped.
Ped. Ped. Ped. Ped. Ped.
Ped. Ped. Ped. Ped. Ped. Ped. Ped.

Rondo Alla Turca
"Türkischer Marsch"
Sonate K.331 (3° Mvt)

Wolfgang Amadeus Mozart

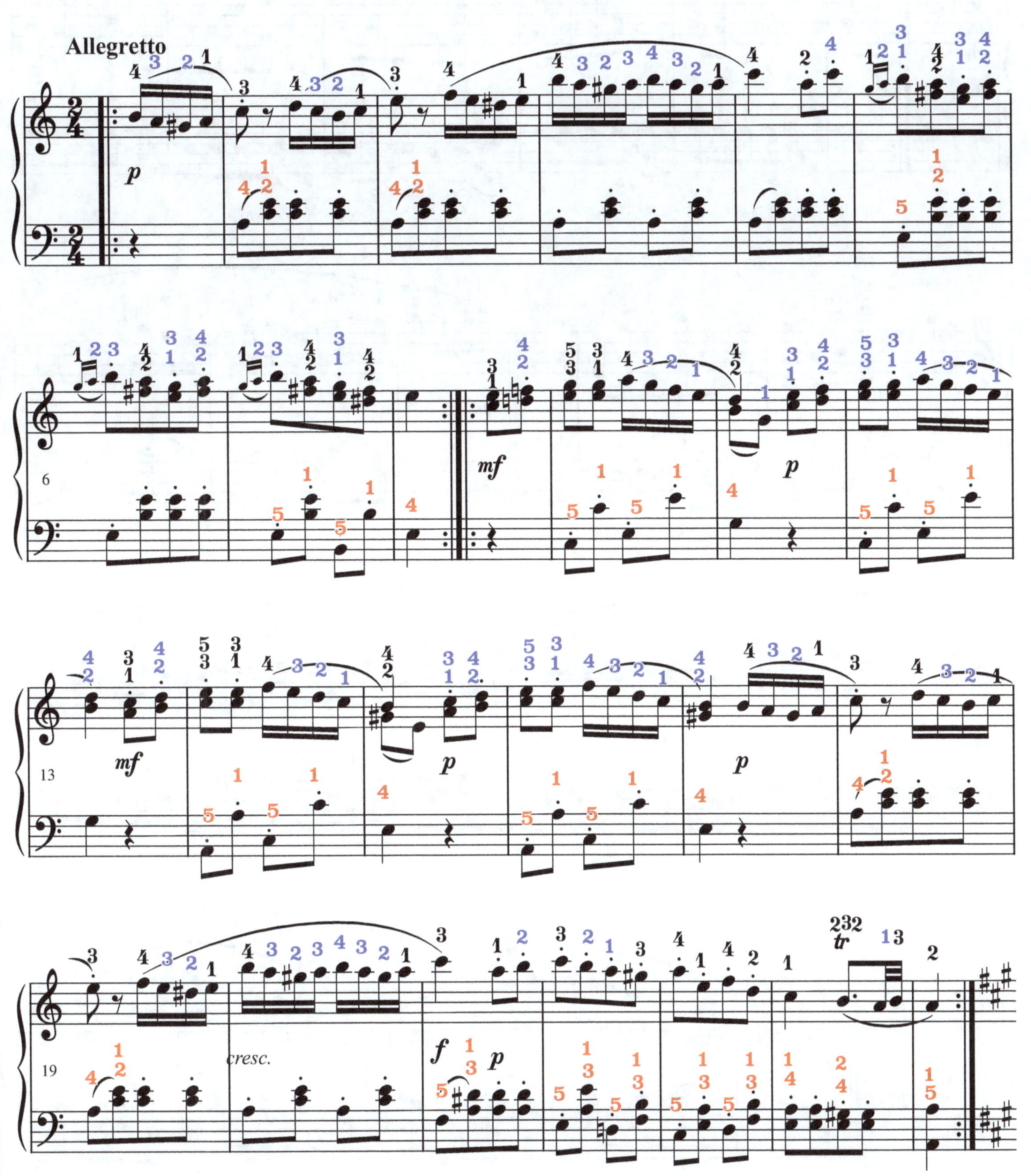

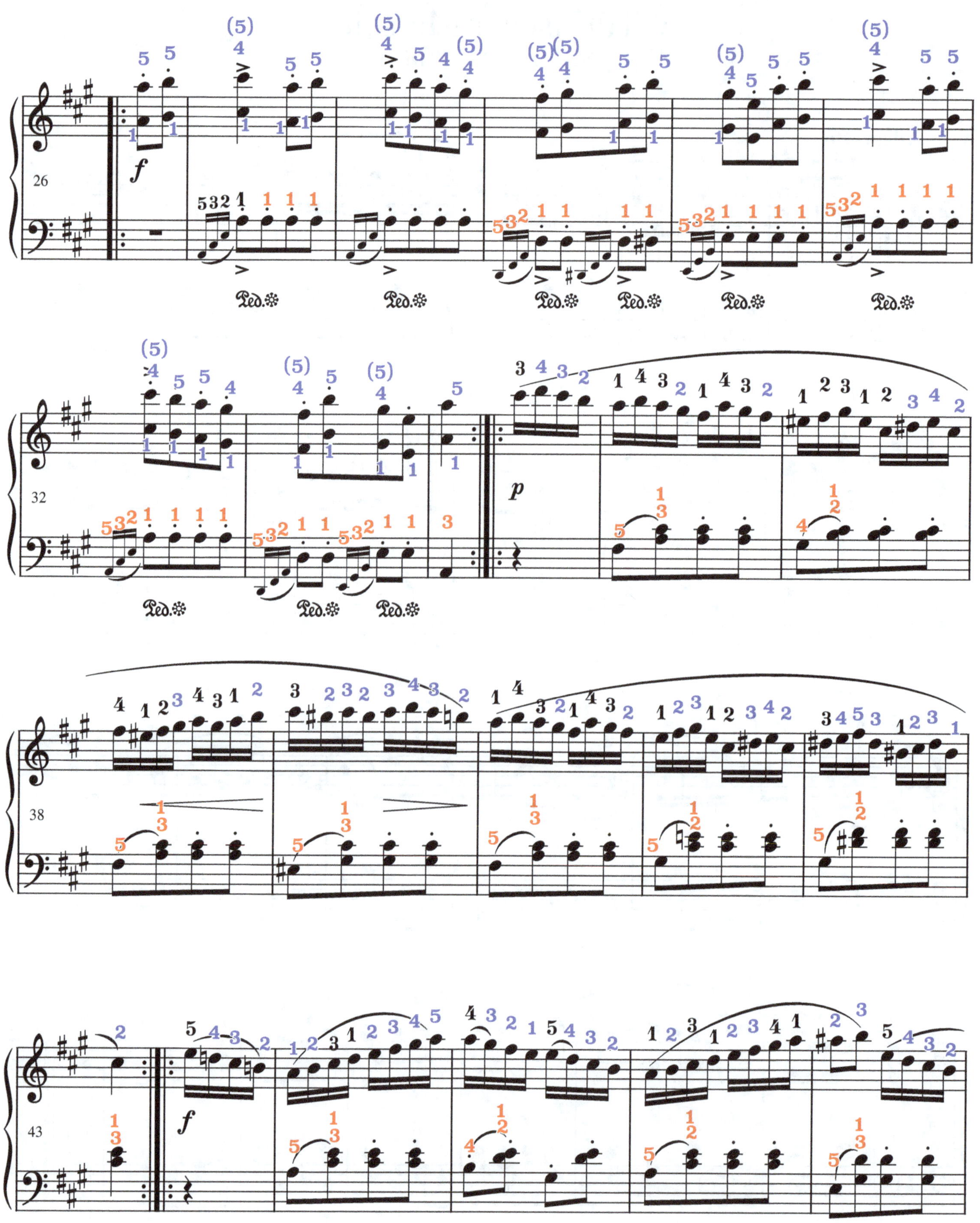

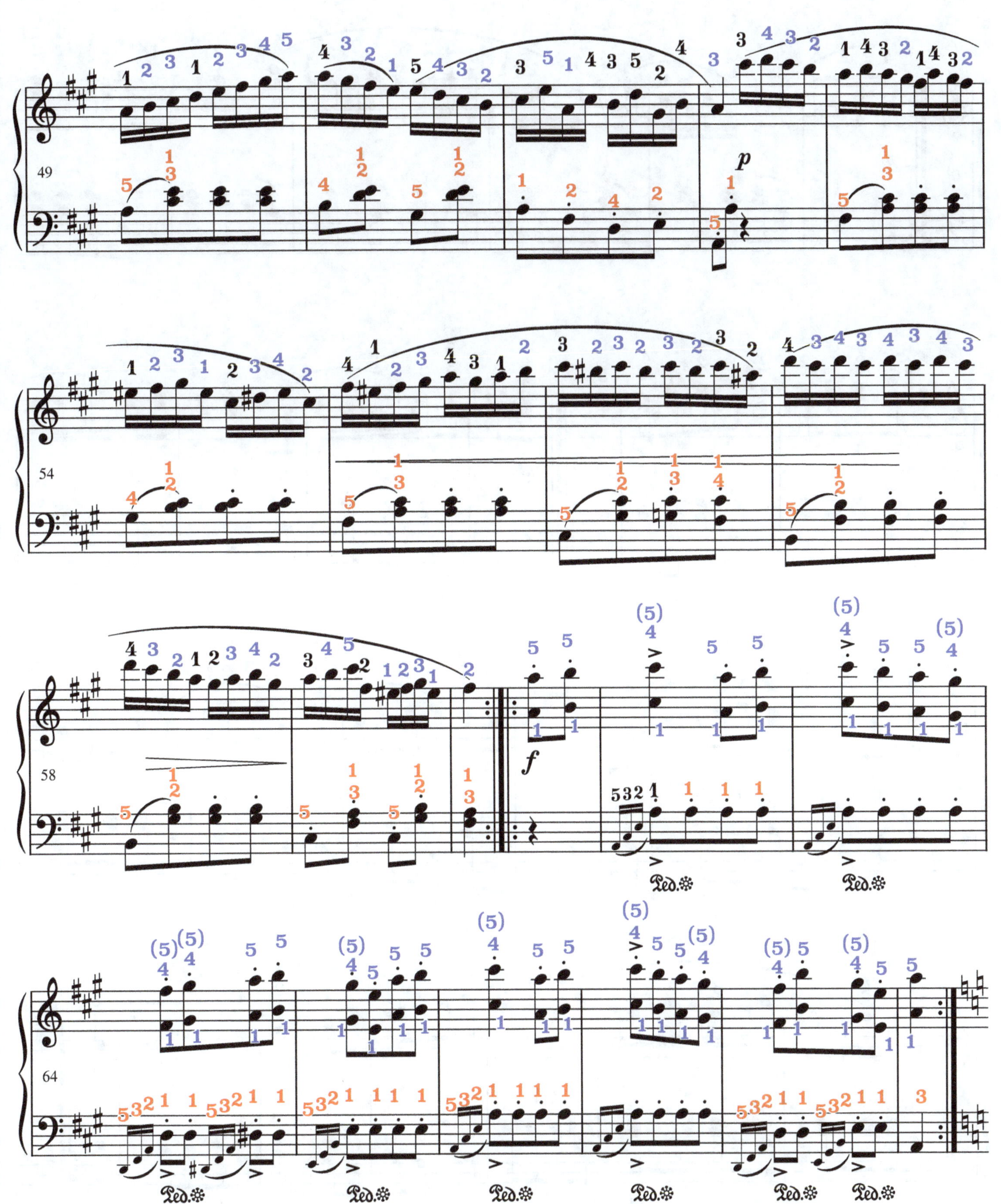

- 3 -
p
f
Ped. ✱
Ped. ✱
Ped. ✱
Ped. ✱
Ped. ✱
Ped. ✱
Ped. ✱
49
54
58
64

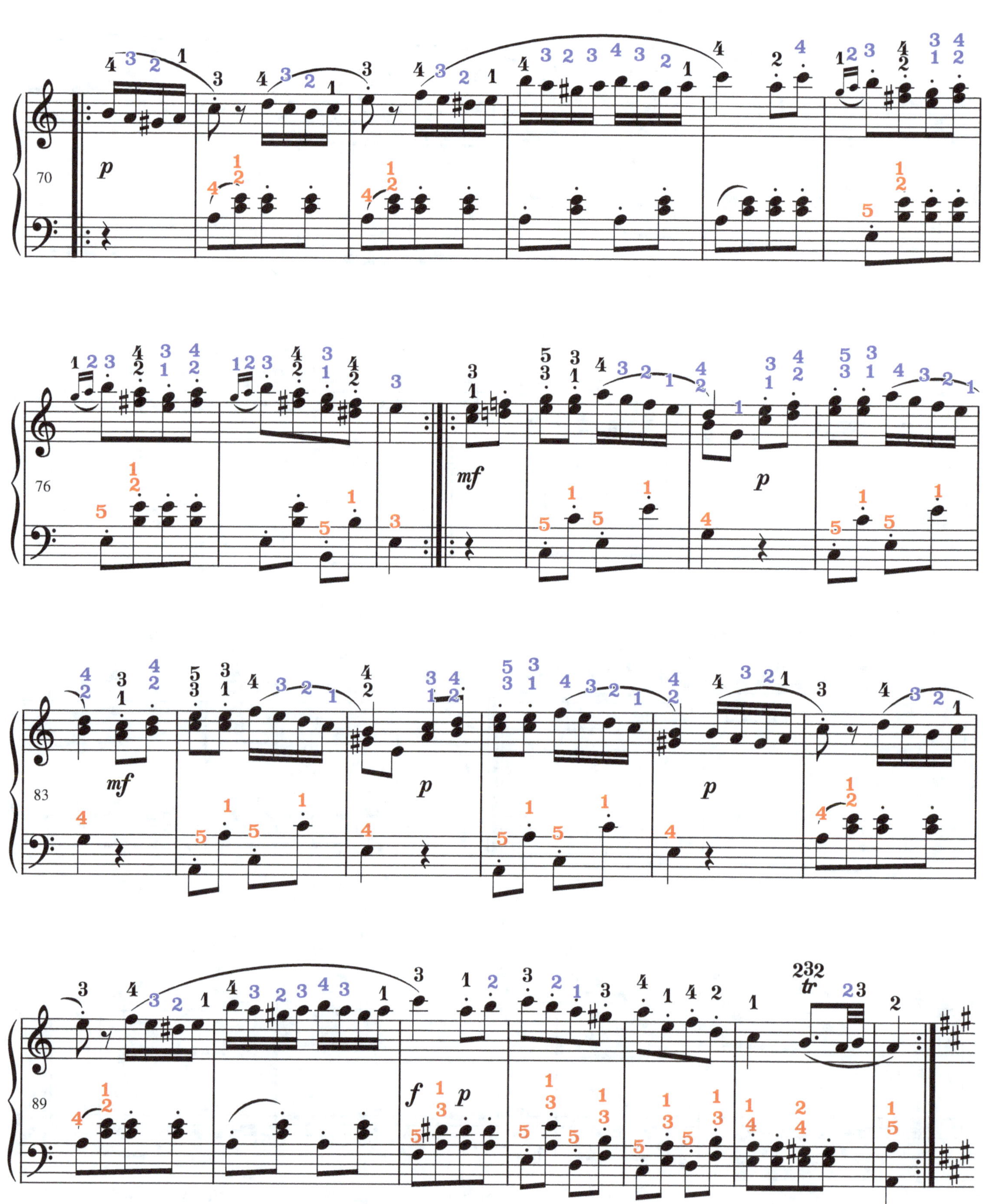

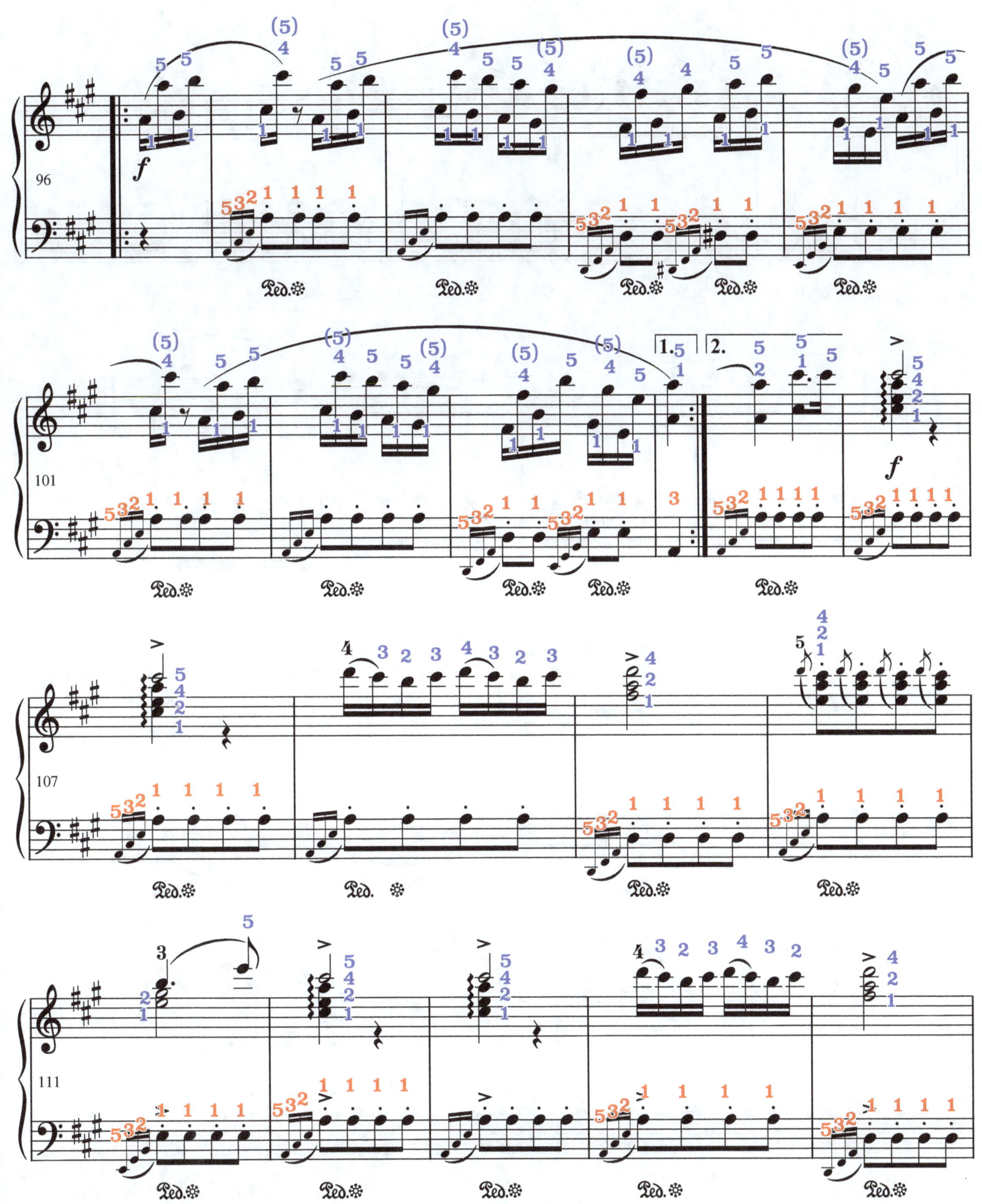

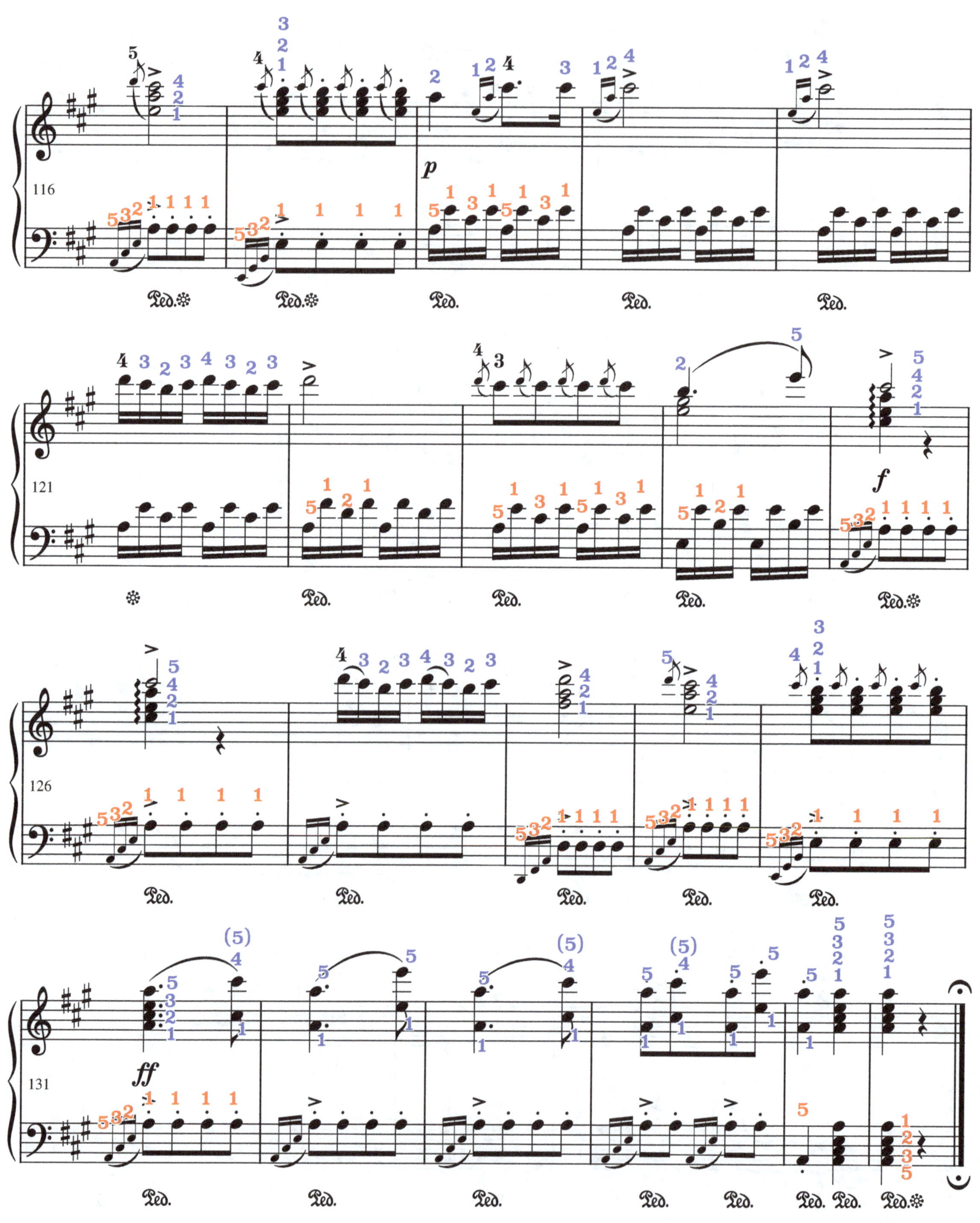

Rondo Alla Turca
"Türkischer Marsch"

Sonate K.331 (3° Mvt)

Wolfgang Amadeus Mozart

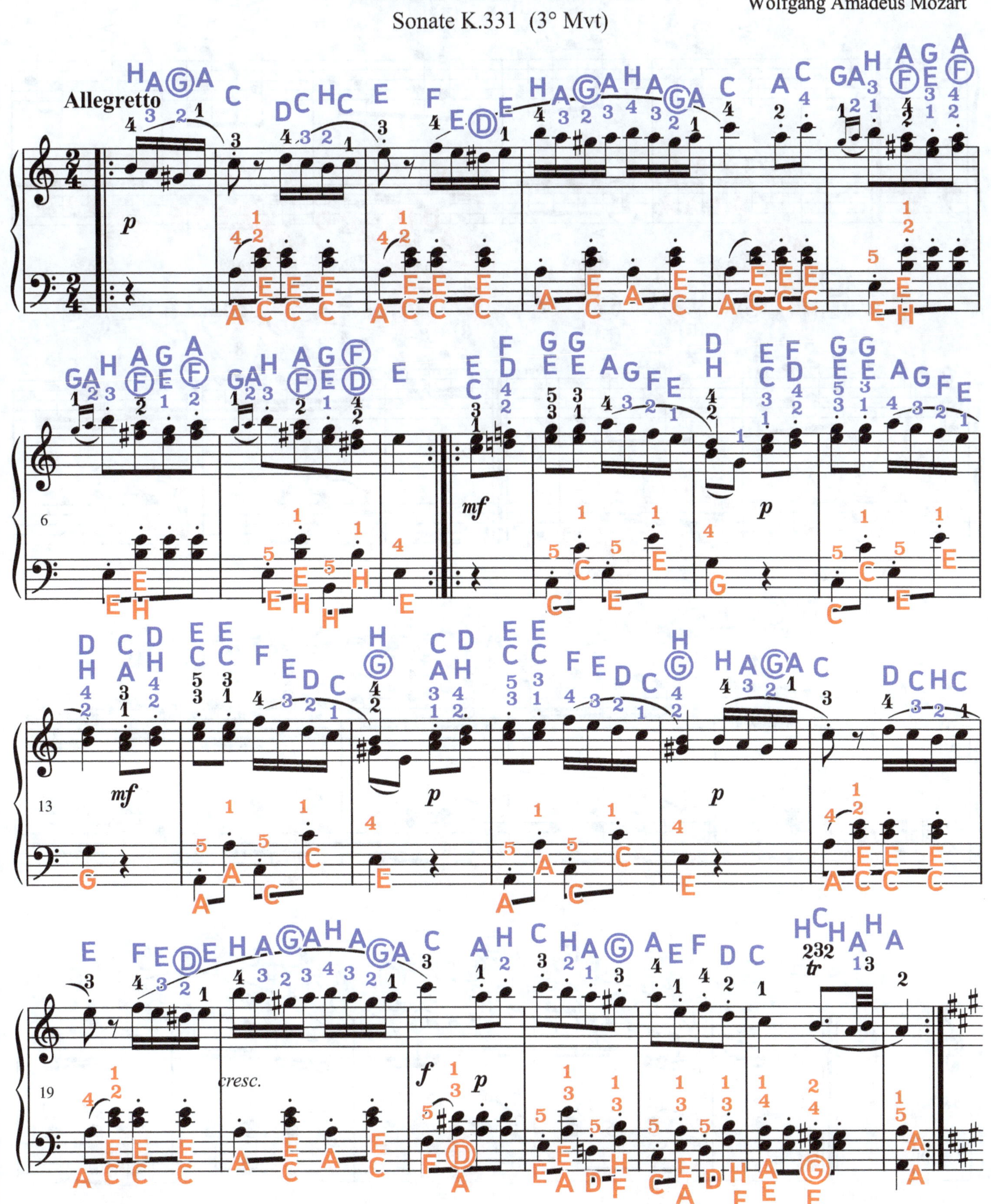

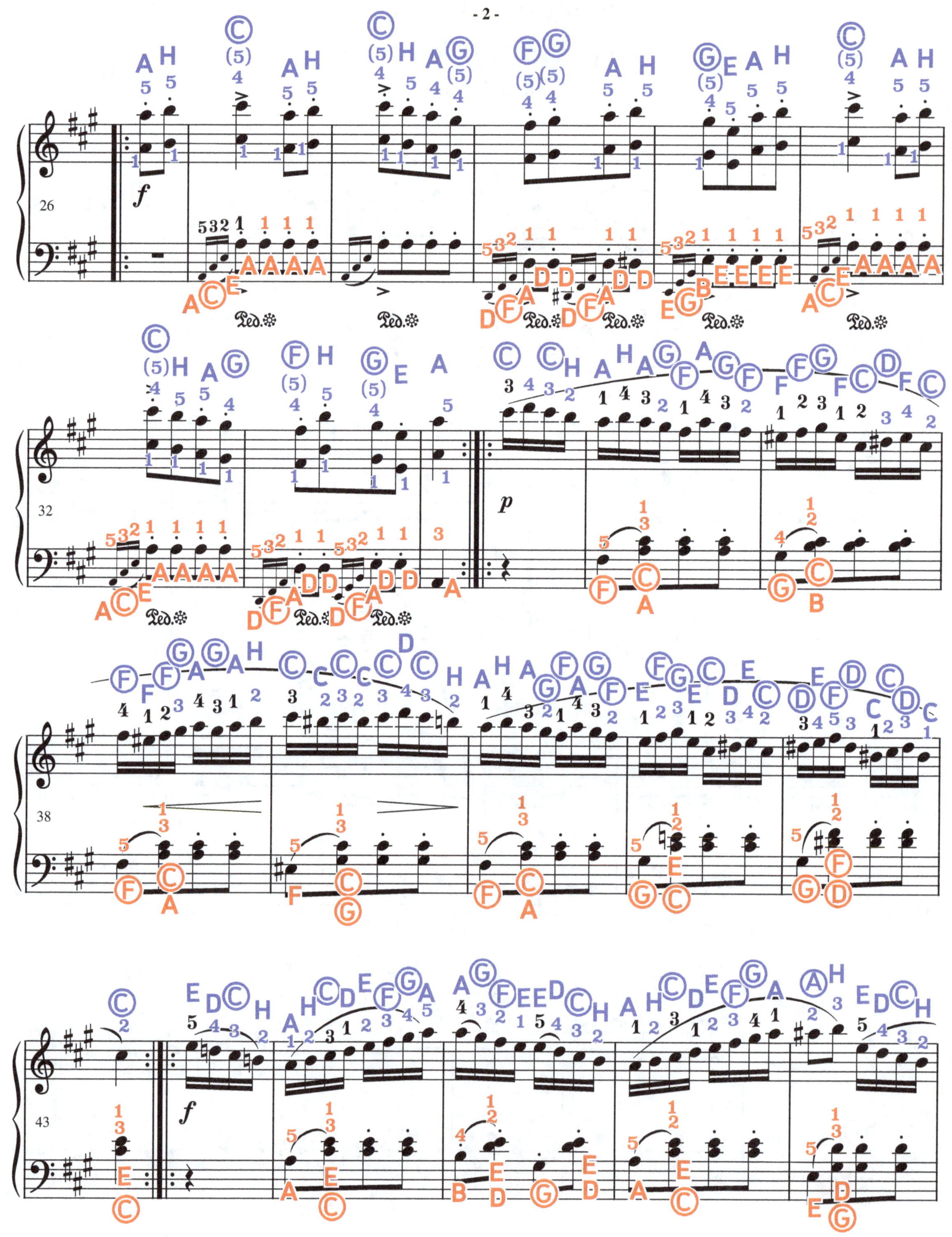

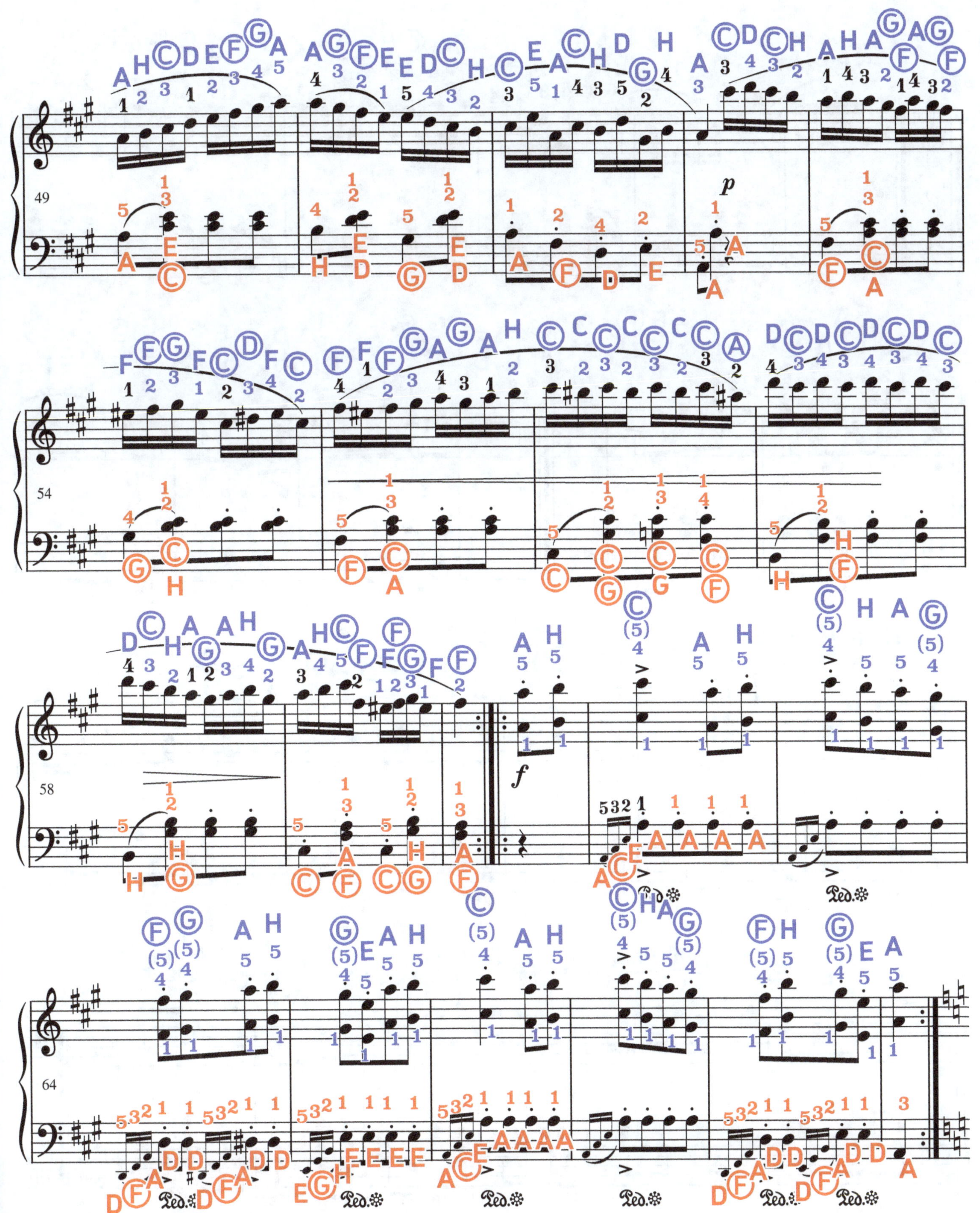
p
f

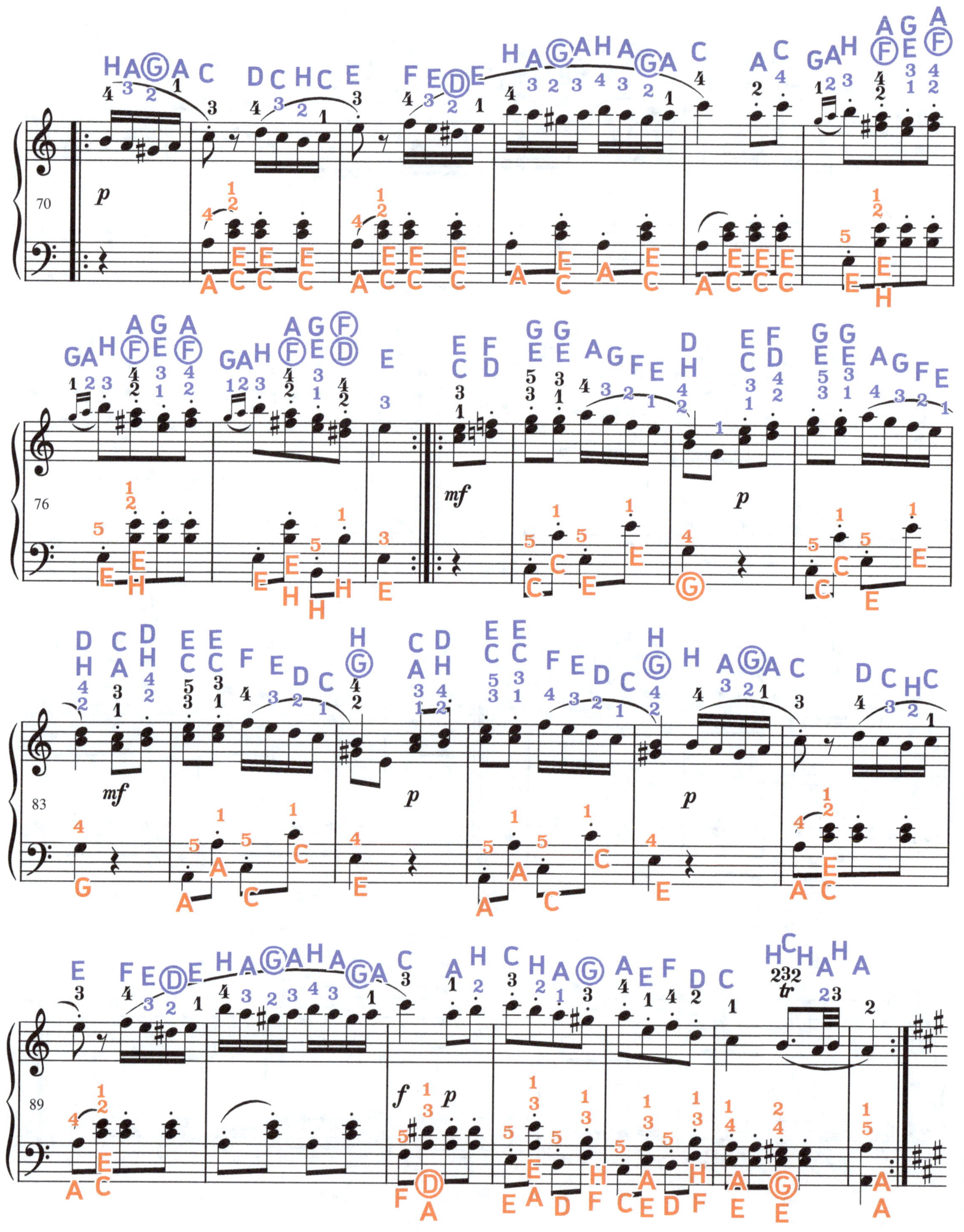

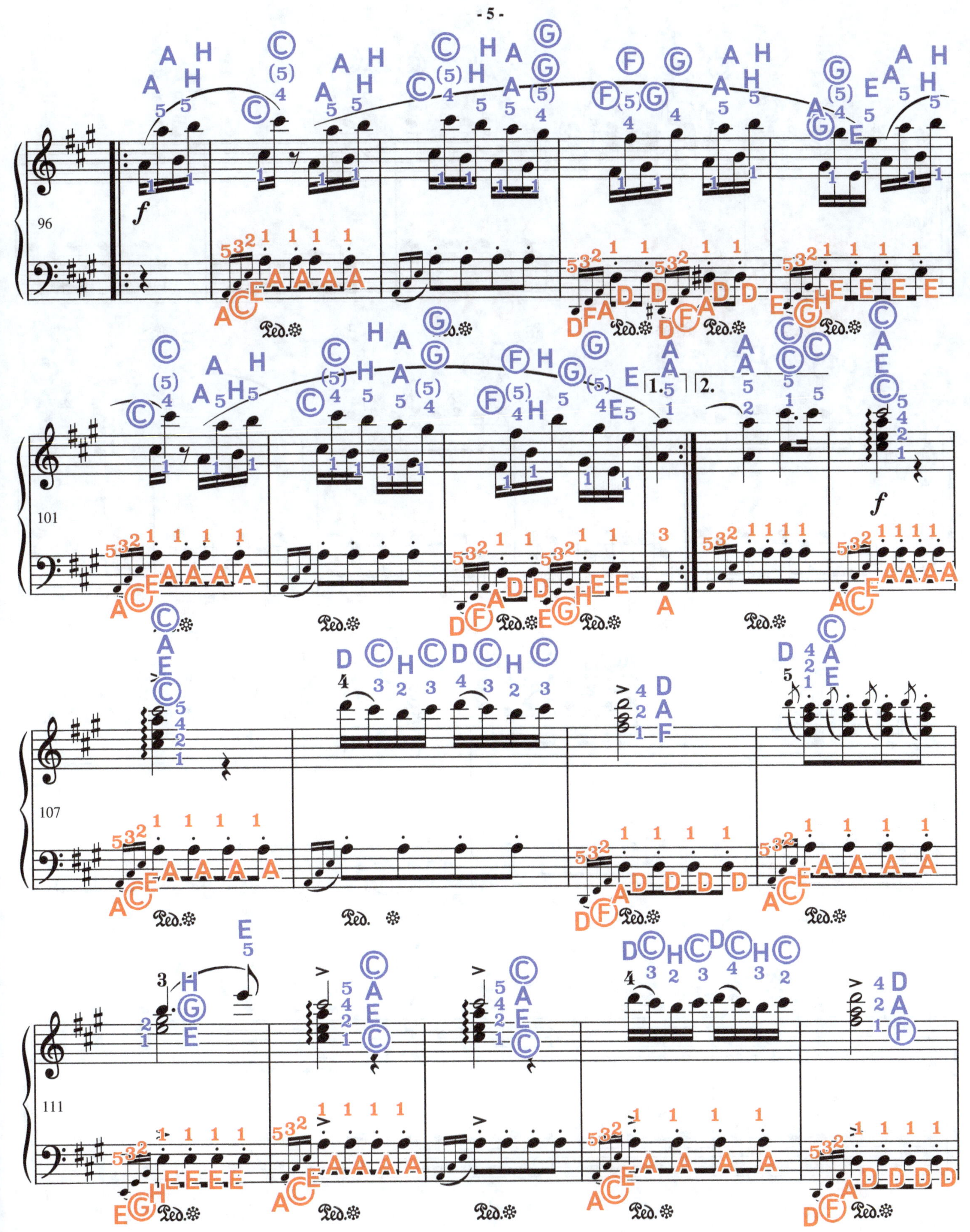

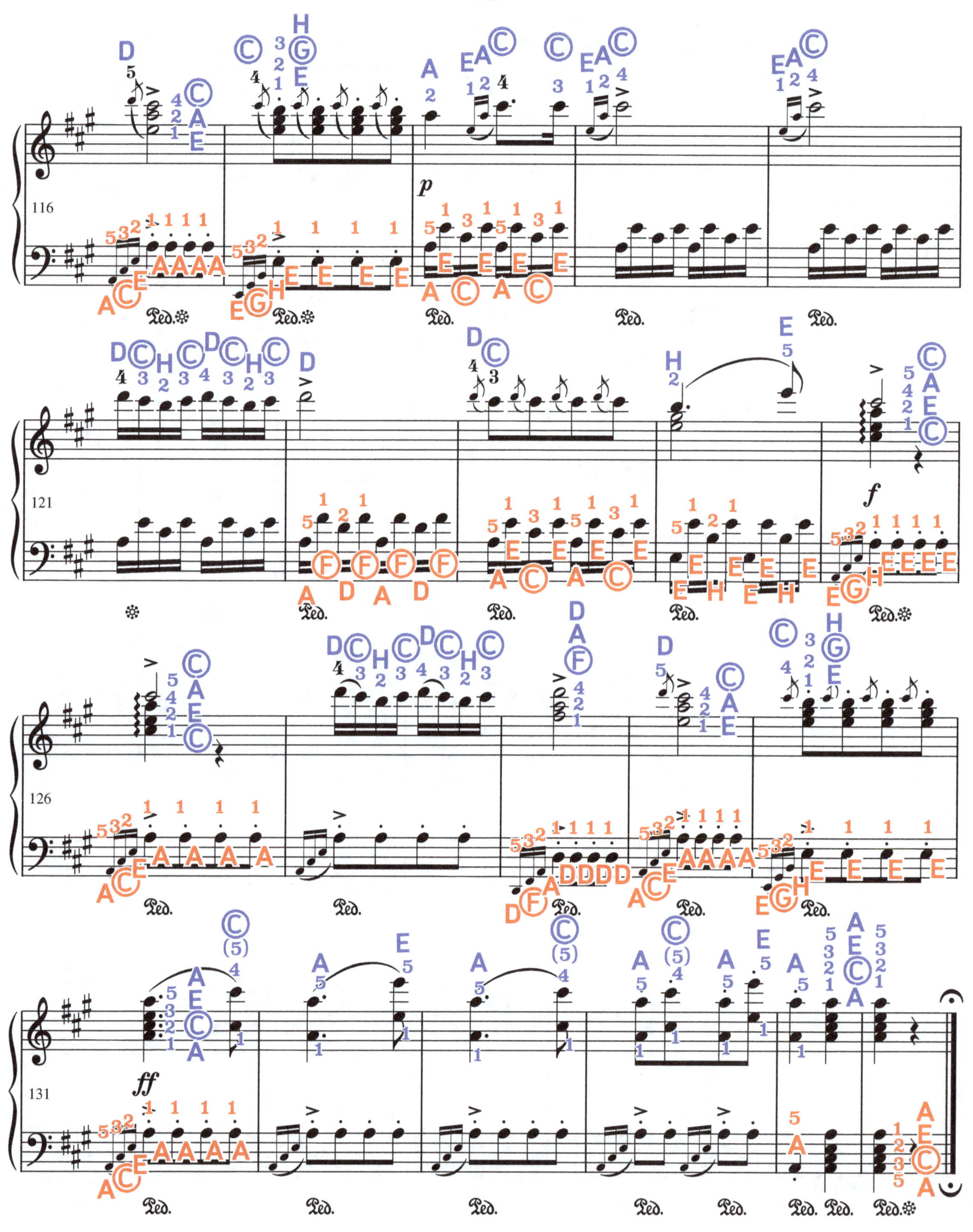

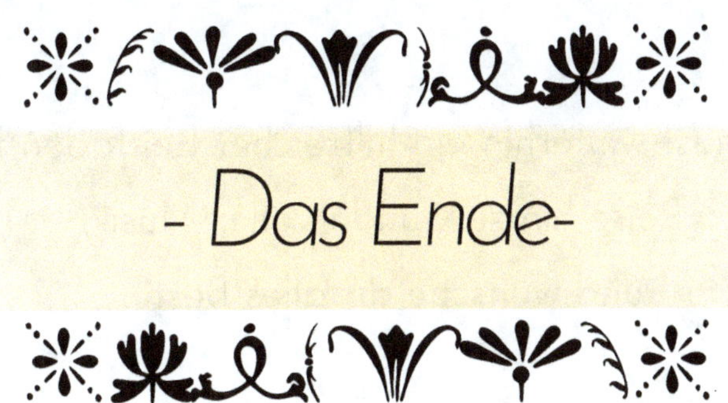

- Das Ende-

Herzlichen Glückwunsch!

Du hast es bis zum Ende dieses Buches geschafft.

Denke daran "Übung macht den Meister".

Ich hoffe dieses Buch ist weiterhin ein hilfreicher Leitfaden für dich auf deiner
Reise hin zu wundervoller Musik,
und wünsche dir alles Beste.

Der Klavier Lehrer Buch Reihe:

www.HermannPress.com

www.ingramcontent.com/pod-product-compliance
Lightning Source LLC
Chambersburg PA
CBHW080332030726
47593CB00010B/2976